www.learnpersian

... So Much More Online!

- ✓ **FREE Farsi lessons**
- ✓ **More Farsi learning books!**
- ✓ **Online Farsi – English Dictionary**
- ✓ **Online Farsi Tutors**

Looking for an Online Farsi Tutor?

Call us at: 001-469-230-3605

Send email to: Info@ learnpersianonline.com

100 Short Stories

in Persian

For Intermediate to

Advanced Persian Learners

By

Reza Nazari

Somayeh Nazari

II

Copyright © 2016

Reza Nazari & Somayeh Nazari

info@learnpersianonline.com
www.learnpersianonline.com

ISBN-13: 978-1534784819
ISBN-10: 1534784810

Published by: Learn Persian Online Website

www.learnpersianonline.com

About *Learn Persian Online Website*

The *"Learn Persian Online Website"* was founded on the belief that everyone interested in Persian language should have the opportunity to learn it!

Established in 2012 and conveniently located in Dallas, Texas, the *"Learn Persian Online Website"* creates international opportunities for all people interested in Persian language and culture and builds trust between them. We believe in this cultural relations!

If you are intended to learn more about Persian, this beautiful language and culture, *"Learn Persian Online Website"* is your best starting point. Our highly qualified Persian experts can help you connect to Persian culture and gain confidence you need to communicate effectively in Persian.

Over the past few years, our professional instructors, unique online resources and publications have helped thousands of Persian learners and students improve their language skills. As a result, these students have gained their goals faster. We love celebrating those victories with our students.

Please view our website at:

www.learnpersianonline.com

About the Author

Reza Nazari is a Farsi author. He has published more than 30 Farsi learning books including "Persia Club Dictionary Farsi – English" and "Essential Farsi Idioms".

Reza is also a professional Farsi teacher. Over the past seven years, his online Farsi classes have helped thousands of Farsi learners and students around the world improve their language skills effectively.

To participate in online Farsi classes or ask questions about learning Farsi, you can contact Reza via email at: reza@learnpersianonline.com or his Skype ID: rezanazari1

Contents

Description

Designed for Persian lovers at the intermediate and advanced level, this book offers 100 fun, interesting, and appealing short stories. The stories motivate you to enjoy reading enthusiastically. *100 Short Stories in Persian* contains simple yet entertaining stories to help you improve your Persian reading and writing skills by covering a diverse range of grammar structures and vocabulary.

Reading short stories is probably the best way for most Persian lovers to improve their Persian conveniently. If you're learning Persian and love reading, this is the book you need to take your Persian to the next level.

This book comes with a Persian and English glossary, so you can find the meaning of keywords in stories.

Get this book now and start learning Persian the fun way!

۱. فیل در تاریکی

شهری وجود داشت که مردم آن اصلاً فیل ندیده بودند. از هند یک فیل آوردند و آن را به خانهٔ تاریکی بردند و مردم را برای دیدن آن دعوت کردند. مردم در تاریکی نمی‌توانستند فیل را ببینند. بنابراین ناچار شدند با دست آن را لمس کنند.

یک نفر دستش به خرطوم فیل رسید وگفت: فیل مانند یک لوله بزرگ است. دیگری که گوش فیل را با دست گرفته بود، گفت: فیل مثل بادبزن است. یکی به پای فیل دست زد و گفت: فیل مثل ستون است و کسی دیگر پشت فیل را با دست لمس کرد و فکر کرد که فیل مانند تخت خواب است.

آنها وقتی اسم فیل را می‌شنیدند فکر می‌کردند فیل همان است که تصور کرده‌اند. فهم و تصور آنها از فیل متفاوت بود و توصیفِشان نیز متفاوت بود. اگر در آن خانه شمعی وجود داشت، اختلاف نظرات آنها از بین می‌رفت.

۲. پیرزن و مرغ

روزی یک شغال مرغی را از خانه یک پیرزن دزدید. پیرزن شروع کرد به داد زدن و می‌گفت: ای وای! مرغ دو کیلویی مرا شغال برد. شغال از این مبالغه پیرزن خیلی عصبانی شد و پیرزن را نفرین می‌کرد.

در همان لحظه روباهی به شغال رسید و گفت: چرا اینقدر عصبانی هستی؟

شغال گفت: ببین این پیرزن چقدر دروغگو و بی‌انصاف است؛ مرغی که نیمٔ کیلو هم نیست می‌گوید دو کیلو.

روباه گفت: بده ببینم چه قدر سنگین است. روباه وقتی مرغ را گرفت پا به فرار گذاشت و گفت: به پیرزن بگو مرغ را به حساب من چهار کیلو حساب کند.

۳. این نیز بگذرد

در گذشته‌های دور، سرداری بود مهربان و باانصاف. او به دانشمندان و بزرگان احترام خاصی می‌گذاشت و همیشه از صحبت‌هایشان استفاده می‌کرد. روزی به یک عارف گفت: جمله‌یی به من بگو که در غم و شادی، من را آرام کند. نه از غم‌ها ناراحت شوم و نه از شادی‌ها، مغرور.

عارف دو تکه کاغذ برداشت و چیزی نوشت و گفت: «این را در جیب چپت بگذار و این یکی را در جیب راست». هنگام ناراحتی و شکست، جیب چپت را ببین و موقع شادی و پیروزی، جیب راستت را». چند وقت بعد، سردار در یکی از جنگ‌ها شکست خورد. در این لحظه به یاد حرف عارف افتاد. آن برگه را باز کرد و خواند: «این نیز، بگذرد». با خواندن نوشته روحیه گرفت و آرام شد. سپاه را جمع کرد و آنها را سر و سامان داد. از پشت به دشمن حمله کردند و این بار پیروز شدند. در حالیکه خوشحال بود، باز به یاد عارف افتاد. برگه دوم را باز کرد و خواند: «این نیز، بگذرد».

۴. علم عشق

استاد بزرگی بیمار و درحال مرگ بود. یکی از شاگردان او به عیادتش رفت و از او سوال کرد: استاد شما که بوده است؟ استاد پاسخ داد: صدها استاد داشته‌ام. شاگرد گفت: کدام استاد تأثیر بیشتری بر شما گذاشته است؟ استاد گفت: بزرگترین استادان من سه نفر بودند.

اولین استاد من یک دزد بود. شبی دیر به خانه برگشتم. من کلید نداشتم و نمی خواستم کسی را بیدار کنم. در آن لحظه به دزدی برخوردم، از او کمک خواستم و خیلی راحت در خانه را باز کرد. از او دعوت کردم در خانه من بماند. او هر شب از خانه بیرون می‌رفت و وقتی برمی‌گشت می‌گفت چیزی گیرم نیامد، فردا دوباره سعی می‌کنم. مردی راضی بود و هرگز او را افسرده و ناکام ندیدم.

استاد دوم، یک سگ بود. سگ که هرروز برای رفع تشنگی کنار رودخانه می آمد، اما به محض رسیدن کنار رودخانه سگ دیگری را در آب می دید و می ترسید و عقب می رفت. سرانجام به خاطر تشنگی بیش از حد، تصمیم گرفت با این

مشکل روبه رو شود و خود را به آب انداخت و در همین لحظه تصویر سگ نیز محو شد.

استاد سوم من، دختر بچه‌ای بود که با شمع روشنی به طرف مسجد می رفت. پرسیدم: خودت این شمع را روشن کرده‌ای؟ گفت: بله.

برای اینکه به او درسی بیاموزم گفتم: دخترم قبل از اینکه روشنش کنی خاموش بود؛ میدانی شعله از کجا آمد؟ دخترک خندید، شمع را خاموش کرد و از من پرسید: شما می‌توانید بگویید شعله‌ای که الان اینجا بود کجا رفت؟

فهمیدم که انسان هم مانند آن شمع، در لحظات خاصی آن شعله مقدس را در قلبش دارد، اما هرگز نمی‌داند چگونه روشن می- شود و از کجا می آید.

۵. نگهبان عشق

نگهبانی گرفتار عشق شده بود. او شب و روز آرام و قرار نداشت. یک روز مردی که از عشق بی‌خبر بود برای اینکه او را نصحیت کند به نزد نگهبان عاشق رفت.

مرد به نگهبان عاشق گفت: اگر فکر می‌کنی که شب زنده داری دل یار را نرم می کند، سخت در اشتباه هستی. برو به خانه و راحت بخواب و خودتت را آزار نده.

نگهبان عاشق گفت: اینکه تو می بینی، آزمایش عشق است که هر شب به نوعی مرا می‌آزماید و عشقم را نگهبانی می کند.

اگر به خواب رفتم و از عشق بی خبر ماندم، خانه‌ی دلم را خالی می‌کند و حال روزم را تباه می‌کند.

۶. شاپور ساسانی و آهنگر

آهنگری شمشیر بسیار زیبایی به شاپور، پادشاه ساسانی تقدیم کرد. شاپور از او پرسید چه مدت برای ساختن این شمشیر زمان گذاشته‌ای؟ آهنگر پاسخ داد یک سال. پادشاه ایران باز پرسید: ساخت یک شمشیر ساده برای سربازان چقدر زمان می‌-برد؟ آهنگر گفت: «سه تا چهار روز».

شاپور گفت: این شمشیر قدرتی بیشتر از آن صد شمشیر دیگری که می‌توانستی بسازی دارد؟

آهنگر گفت: خیر، این شمشیر زیباست و شایسته کمر پادشاه!

پادشاه ایران گفت: سپاسگزارم از این هدیه اما، پادشاه اهل فرمان دادن است نه جنگید.، من از شما شمشیر برای سپاهیان ایران می‌خواهم نه برای خودم، و به یاد داشته باش سرباز بدون شمشیر، نگهبان کشور، پادشاه و حتی جان خود نیست.

شاپور با نگاهی پدرانه به آهنگر گفت: پدرم به من آموخت
زندگی ساده داشته باشم تا فرمانرواییم پایدارتر باشد. پس
برای سربازان من شمشیر بساز که نبردهای بزرگ در راه است.

۷. شستن گربه

مرد از راهی عبور می‌کرد. او دید پسر بچه‌ای گربه خود را در
جوی آب می‌شوید.

به پسربچه گفت: گربه را نشور، می‌میرد! پسربچه به حرفهای
مرد توجه نکرد. مرد باز تکرار کرد گربه را نشور می‌میرد.
پسربچه همچنان به شستن ادامه داد.

بعد از چند ساعت مرد که از همان راه بر می‌گشت دید که بله!
گربه مرده و پسربچه هم درحال گریه کردن است. مرد به
پسربچه گفت: به تو نگفتم گربه را نشور، می‌میرد؟

پسر بچه جواب داد: گربه که از شستن نمرد، موقع مچاله کردن
مرد!

۸. فرگون زیبا

فرگون زیباترین زن دوران خود و همسر ملک پادشاه بود. روزی در مجلسی زنانه، زنی از خانواده همسرش بود به او گفت: فرگون خانم! شنیده‌ایم هیچ خدمتکار ایرانی به کاخ خود راه نمی‌دهی؟ فرگون گفت: من ایرانی خدمتکار نمی‌شناسم! آن زن سماجت کرد و گفت: چطور؟ اعتماد نمی‌کنید؟!

فرگون زیبا گفت: من هم میهنان خود را برتر از آن می‌دانم که آنها را خدمتکار خود کنم. زنان رومی و چینی و یونانی را هم که می‌بینید پیشکش سرزمین های دیگر هستند. من فقط مواظب آنها هستم تا آسیب بیشتری به آنها نرسد.

زن دیگری پرسید: مگر چه آسیبی دیده‌اند؟ فرگون زیبا پاسخ داد: دوری! دوری از شهر و سرزمینشان!

آن زن دست به گیسوی فرگون کشید و گفت حالا می فهمم برای چه همه تو را دوست دارند.

۹. باران مهر

یک روز سپاه ایران خود را آماده می‌کرد تا با یونانی‌ها بجنگد.

آن روز باران شدیدی شروع به باریدن کرد. یکی از جادوگران

یونانی در بین مردم شایعه کرده بود که این باران اشک آسمان

است. این اشک بخاطر مرگ جوانان ما است و بزودی خبرهای

بسیار بدی خواهید شنید.

این خبر را به اولین پادشاه اشکانیان، اشک یکم دادند. او هم

خندید و گفت: این شاد باش آسمان‌ها به ما است. باران مایه

رحمت و رویش است نه پیام نحس.

سپاه کوچک اشک یکم خیلی زود بخش بزرگی از شمال

خراسان را از دست یونان آزاد کرد و دل ایرانی‌ها را در همه جا

گرم کرد.

۱۰. تهی‌دستی

فَره وَرتیش دومین پادشاه ایران از قبلیه مادها بود. بامداد یک روز، فرمانروا به کنار دیوار قلعه آمد و به پایین نگاه کرد. در کنار دیوار زنی را دید که بر روی خاک‌های کنار قلعه خوابیده است. به نگهبان نزدیک خود گفت: این زن در اینجا چه می‌کند و کی به اینجا آمده؟

دیده‌بان گفت: بسیاری از شب‌ها زن‌های تنها در کنار قلعه می‌ خوابند چون اینجا امنیت بیشتری دارد و کسی آنها را آزار نمی‌ دهد.

پادشاه دستور داد چهارصد اسب از دارایی‌های فرمانروایی را فروختند و با آن ساختمانی در کنار کاخ برای زنان و مردان تنها و دردمند ساختند. در آن ساختمان روزی سه وعده غذا به آنها داده می‌شد. بی پناهان را بعد از نگهداری تشویق به زندگی و فعالیت‌های شرافتمندانه می‌کردند.

۱۱. روزهای سخت

بانو کاساندان همسر کوروش بود. او نزد فرزند خود کمبوجیه رفت و گفت: پدرت مدت‌هاست تا دیر وقت مشغول رایزنی با مشاوران دربار است و من برای او نگرانم چون سخت کار می-کند. برای من تندرستی پادشاه از همه چیز مهمتر است.

کمبوجیه نزد پدر خویش، کوروش آمد و دید سخت در فکر است و مشاوران با او در حال صحبت بودند.

پس از پایان کار کمبوجیه رو به پدر کرد و گفت: مادر از این همه کار شما نگران است.

پدر گفت: روزهای سخت امروز، پیروزی بسیاری برای آینده سرزمینمان در پی خواهد داشت و این ارزشی بیش از تندرستی دارد.

تلاش‌ها و از خودگذشتگی کورش بزرگ باعث شد امروز اینگونه شیفته او باشیم.

۱۲. شاپور و دزدان خلیج

ساعتی از شب گذشته بود. به شاپور دوم ساسانی، پادشاه ایران زمین خبر دادند که سه مرد سالخورده از جزیره لاوان به نزد شما آمده‌اند. پس از اجازه فرمانروا، آنها گفتند: اکنون سالهاست راهزنان هر از گاهی به جزیره ما حمله می‌کنند و مرواریدهای صیادان را به غارت می‌کنند. ولی این بار یکی از دختران جزیره را نیز دزدیده‌اند.

می‌گویند شاپور عصبانی شد و رو به سرداران کرد و گفت: تا وقتی که جزایر ایران امن نشده است کسی حق استراحت نخواهد داشت. همان شب شاپور و لشکریانش بر اسب نشسته و به سوی جنوب ایران رفتند.

آنها جنوب خلیج فارس را که پس از سلسله اشکانیان رها شده بود، بار دیگر به سرزمین ایران برگرداندند و دزدان تبهکار را دستگیر کردند و به ایران آوردند. بعد از آن نیز شاپور به نزد مادر دختر رفت و از اتفاقی که برایشان افتاده بود عذرخواهی کرد.

۱۳. رقص ماهیان

کوروش کبیر پیش از جنگ با قارون (کروزوس) پادشاه لیدیه، نمایندگان خود را به یونیه (شهرهای یونانی‌نشین در آسیای صغیر) فرستاد. او می‌خواست تا آنها را وادار کند از کروزوس دست بردارند و با پادشاه ایران همکاری کنند. امّا آنان از این کار سرباز زدند.

جنگ شروع شد و کوروش کبیر پیروز شد. در این هنگام مردم یونیه نمایندگانی را به نزد کوروش فرستادند تا با او قرارداد صلح امضاء کنند. پادشاه ایران که از اقدام آنها ناراحت بود، رو به نمایندگان آنها کرد و گفت:

«نی زنی کنار دریا نشسته بود و نی می‌زد و امید داشت که ماهیان با شنیدن نی در آب برای او برقصند. اما ماهیان نرقصیدند. نی زن تور ماهیگیری را در آب انداخت و ماهی‌ها را گرفت و آنها را در خشکی رها کرد. ماهی‌ها به رقص در آمدند و شروع به جست‌وخیز کردند.

نی‌زن گفت: اگر در آن موقع که من نی می‌زدم، شما در آب می‌رقصیدید، هم‌اکنون در خشکی به رقص در نمی‌آمدید.»

۱۴. معجون آرامش

روزی انوشیروان از بزرگمهر عصبانی شد و او را در خانه‌ای تاریک به زندان انداخت و دستور داد او را به زنجیر بستند. چند روزی در زندان بود تا اینکه، کسری کسانی را فرستاد تا حالش را بپرسند.

آنها بزرگمهر را شادمان دیدند. به او گفتند: در این سختی چطور تو را آسوده دل می بینیم! گفت: معجونی ساخته‌ام از شش قسمت و از آن استفاده می‌کنم و به همین خاطر است که من را آسوده می‌بینید.

گفتند: آن معجون چیست؟ گفت: جز نخست آن اعتماد به خدا است، دوم آنچه تقدیر است پیش می‌آید، سوم شکیبایی. چهارم اگر صبر نکنم چه‌کار کنم. پنجم آنکه شاید سخت‌تر از این برای من رخ دهد. ششم آنکه از این ساعت تا ساعت دیگر امید رهایی است. وقتی کسری این سخنان شنید او را آزاد کرد.

۱۵. رنج یا موهبت

آهنگری با وجود رنج‌های بسیار و بیماری به خدا عشق می-
ورزید. روزی یکی از دوستانش که اعتقادی به خدا نداشت، از او
پرسید تو چگونه می توانی خدایی را که رنج و بیماری به تو داده
است را دوست داشته باشی؟

آهنگر سرش را پایین انداخت و گفت: وقتی که می‌خواهم
وسیله آهنی بسازم، یک تکه آهن را در کوره قرار می دهم و
سپس آنرا روی سندان قرار می‌دهم و می‌کوبم تا به شکل
دلخواه درآید. اگر به صورت دلخواهم درآمد، می دانم که
وسیله مفیدی خواهد بود، اگر نه آنرا کنار می‌گذارم.

همین موضوع موجب شده که همیشه به درگاه خدا دعا کنم که
خدایا، من را در کوره‌های رنج قرار ده، اما کنار نگذار.

۱۶. درویش فقیر

یک مرد فقیر از کنار باغ کریم خان زند می‌گذشت. چشمش به شاه افتاد و با دست اشاره‌ای به او کرد. کریم خان دستور داد مرد را به داخل باغ بیاورند.

کریم خان گفت: این اشاره‌های تو برای چه بود؟ مرد فقیر گفت: نام من کریم است و نام تو هم کریم و خدا هم کریم. آن کریم به تو چه داده و به من چه داده؟

کریم خان که در حال کشیدن قلیان بود؛ گفت چه می‌خواهی؟ مرد گفت: همین قلیان را به من بدهی بس است!

چند روز بعد مرد فقیر قلیان را به بازار برد و قلیان را فروخت. خریدار قلیان، قلیان را برای کریم خان هدیه برد. مدتی گذشت و درویش برای تشکر نزد خان رفت.

ناگهان چشمش به قلیان افتاد و با دست اشاره‌ای به کریم خان زند کرد و گفت: نه من کریم هستم نه تو؛ کریم فقط خداست، که جیب من را پر از پول کرد و قلیان تو هم سر جایش هست.

۱۷. سربازان مهرداد دوم

مهرداد دوم، پادشاه ایران با سپاهش از کنار باغ سبزی می
گذشتند. سایه درختان باغ مکان خوبی برای استراحت بود.
فرمانروا دستور داد در کنار دیوار بزرگ باغ استراحت کنند.

باغبان نزد پادشاه آمد و از او و سربازان دعوت کرد که به باغ
وارد شوند. مهرداد گفت ما باید خیلی زود اینجا را ترک کنیم و
همین جا خوب است. باغبان گفت دیشب خواب می‌دیدم
خورشید ایران در پشت دیوار باغ من است و امروز پادشاه
کشورم را اینجا می‌بینم. مهرداد گفت اشتباه نکن آن خورشید
من نیستم آن خورشید سربازان ایران هستند که در کنار دیوار
باغ تو نشسته‌اند.

باغبان از این همه فروتنی و بزرگی پادشاه ایران زمین شگفت
زده شد.

مهرداد دوم بسیار فروتن بود و همیشه در کنار سربازان خویش
و به دور از تجملات زندگی می‌کرد.

۱۸. کوروش و دختر عاشق

دختر جوانی وجود داشت که عاشق کوروش، پادشاه ایران شده بود. آن دختر برای ملاقات با کوروش تلاش می‌کرد. یک روز موفق شد کوروش را ببینید.

دختر جوان رو به پادشاه ایران کرد و گفت: من عاشق شما هستم. کورش به او گفت: لیاقت تو برادر من است که از من زیباتر است، او پشت سرت ایستاده است.

دختر برگشت و کسی را پشت سر خود ندید. کورش به او گفت: اگر عاشق بودی، هرگز پشت سرت را نگاه نمی‌کردی.

۱۹. پیرزن و معمار

حدود ۷۰۰ سال پیش در اصفهان مسجدی بزرگ ساخته شده بود. چند روز قبل از افتتاح مسجد، کارگرها و معماران جمع شده بودند و آخرین کارها را انجام می‌دادند.

پیرزنی از آنجا می‌گذشت. وقتی مسجد را دید به یکی از کارگران گفت: فکر کنم یکی از مناره‌ها کمی کج است! کارگرها خندیدند. اما معمار که این حرف را شنید، سریع گفت: چوب بیاورید! کارگر بیاورید! چوب را به مناره تکیه بدهید. فشار بدهید. معمار مدام از پیرزن می‌پرسید: مادر، درست شد؟!!

مدتی طول کشید تا پیرزن گفت: بله! درست شد!!! تشکر کرد و دعایی کرد و رفت. کارگرها حکمت این کار بیهوده و فشار دادن مناره را از معمار با تجربه پرسیدند؟!

معمار گفت: اگر این پیرزن، راجع به کج بودن این مناره با دیگران صحبت می‌کرد و شایعه درست می‌شد و این مناره تا ابد

کج می‌ماند و دیگر نمی‌توانستیم اثرات منفی این شایعه را پاک

کنیم. به این خاطر من گفتم در همین ابتدا جلوی آن را بگیرم!

۲۰. دعای کوروش

روزی بزرگان ایرانی و زرتشتی از کوروش بزرگ خواستند که برای سرزمین ایران دعای خیر کند.

کوروش بعد از ایستادن در کنار آتش مقدس اینگونه دعا کرد: خداوندا، ای آفرینندهی این سرزمین، سرزمینم و مردمم را از دروغ و دروغگویی دور نگه دار.

بعد از اتمام دعا، عدهای در فکرفرو رفتند و از شاه پرسیدند که چرا این گونه دعا کردید؟ فرمودند: چه باید میگفتم؟ یکی جواب داد: برای خشکسالی دعا میکردید؟ کوروش بزرگ فرمودند: برای جلوگیری از خشکسالی، انبارهای آذوقه و غلات میسازیم.

دیگری اینگونه سوال نمود: برای جلوگیری از هجوم بیگانگان دعا میکردید؟ کوروش جواب داد: قوای نظامی را قوی می-سازیم و از مرزها دفاع میکنیم.

یکی پرسید: ای شاه منظور شما از این دعا چه بود؟! کوروش لبخند زد این گونه جواب داد: اگر روزی یکی از شما نزد من آید و دروغی گوید که به ضرر سرزمینم باشد، من چگونه از آن باخبر گردم و اقدام نمایم؟ پس بیاییم از کسانی شویم که راست‌گو هستند و دروغ را از سرزمینمان دور سازیم، که هر عمل زشتی صورت گیرد اولین دلیل آن دروغ است.

۲۱. کودک و نادرشاه اَفشار

هنگامی که نادرشاه اَفشار درحال حمله به هندوستان بود، در راه کودکی را می‌بیند که به مکتب می‌رفت. از او می‌پرسد: پسر جان چه می‌خوانی؟ کودک پاسخ داد: قرآن. نادرشاه گفت: از کجای قرآن؟ کودک گفت: انا فَتَحنا.

نادر از پاسخ او بسیار خرسند شد و از شنیدن آیه فتح، فکر پیروزی کرد. سپس یک سکه زر به کودک داد اما کودک از گرفتن آن امتناع کرد. نادرشاه گفت: چرا نمی‌گیری؟ کودک گفت: مادرم مرا می‌زند می‌گوید تو این پول را دزدیده‌ای.

نادر گفت: به او بگو نادرشاه داده است. کودک گفت: مادرم باور نمی‌کند و می‌گوید: نادرشاه مردی باسخاوت است. او اگر به تو پول می‌داد یک سکه نمی‌داد حتما زیاد می‌داد.

حرف او بر دل نادر نشست و پول زیادی به او داد. نادرشاه هم در آن سفر بر دشمن خویش محمد شاه گورکانی پیروز شد.

۲۲. پادشاه و وزیر

در سالهای خیلی دور، پادشاهی زندگی می‌کرد که وزیری داشت. وزیر همیشه می‌گفت: هر اتفاقی که رخ می‌دهد به صلاح ماست. روزی پادشاه برای پوست کندن میوه، کارد تیزی خواست اما در هنگام بریدن میوه انگشتش را برید. وزیر که در آنجا بود گفت: نگران نباشید تمام چیزهایی که رخ می‌دهد در جهت خیر و صلاح شماست!

پادشاه از این حرف وزیر عصبانی شد و دستور داد وزیر را زندانی کنند. چند روز بعد پادشاه با همراهانش برای شکار به جنگلی رفتند. پادشاه در حالی که مشغول اسب سواری بود راه را گم کرد و وارد جنگل انبوهی شد. در حالیکه پادشاه به دنبال راه بازگشت بود به محل سکونت قبیله‌ای رسیدکه مردم آن در حال تدارک مراسم قربانی برای خدایانشان بودند.

زمانی که مردم پادشاه خوش سیما را دیدند خوشحال شدند زیرا تصور کردند او بهترین قربانی برای تقدیم به خدای آنهاست!!!

آنها پادشاه را در برابر تندیس الهه خود بستند تا او را بکشند، اما ناگهان یکی از مردان قبیله فریاد کشید: چگونه می‌توانید این مرد را برای قربانی کردن انتخاب کنید در حالیکه او بدنی ناقص دارد. به انگشت او نگاه کنید! به همین دلیل او را قربانی نکردند و آزاد شد. پادشاه که به قصر رسید وزیر را فرا خواند و گفت: اکنون فهمیدم منظور تو از اینکه می‌گفتی هر چه رخ می‌دهد به صلاح شماست چه بوده است. زیرا بریده شدن انگشتم موجب شد زندگی‌ام نجات یابد. اما در مورد تو چی؟ تو به زندان افتادی این امر چه خیر و صلاحی برای تو داشت؟!!

وزیر پاسخ داد: پادشاه عزیز مگر نمی‌بینید، اگر من به زندان نمی‌افتادم مانند همیشه در جنگل به همراه شما بودم در آنجا زمانی که شما را قربانی نکردند، مردم قبیله مرا برای قربانی کردن انتخاب می‌کردند. بنابراین می‌بینید که حبس شدن نیز برای من مفید بود!!!

۲۳. عتیقه فروش و رَعیَت

یک مرد عتیقه فروش در روستایی به منزل رعیتی رفت. دید رعیت کاسه‌ای نفیس و قدیمی دارد. کاسه در گوشه‌ای افتاده بود و گربه‌ای در آن آب می‌خورد. عتیقه فروش دید اگر قیمت کاسه را بپرسد رعیت متوجه می‌شود و قیمت گرانی بر آن می‌-گذارد. بنابراین گفت: عموجان چه گربه قشنگی داری آیا حاضری آن را به من بفروشی؟

رعیت گفت: چند می‌خری؟ گفت: یک درهم. رعیت گربه را گرفت و به دست عتیقه فروش داد و گفت: بفرمایید. عتیقه فروش پیش از خروج از خانه با خونسردی گفت: عموجان این گربه ممکن است در راه تشنه‌اش شود بهتر است کاسه آب را هم به من بفروشی. رعیت گفت: من به این کاسه پنج گربه فروخته‌ام. کاسه فروشی نیست.

۲۴. راز پیروزی اسکندر

می‌گویند اسکندر قبل از حمله به ایران درمانده و مستأصل بود. از خود می‌پرسید که چگونه باید بر مردمی که از مردم من بیشتر می‌فهمند حکومت کنم؟ یکی از مشاوران می‌گوید: «کتابهایشان را بسوزان، بزرگان و خردمندانشان را بکش و دستور بده به زنان و کودکانشان تجاوز کنند.»

اما ظاهراً یکی دیگر از مشاوران (به قول برخی، ارسطو) پاسخ می‌دهد: نیازی به چنین کاری نیست. از میان مردم آن سرزمین، آنها را که نمی‌فهمند و کم سوادند، برای کارهای بزرگ انتخاب کن. آنها که می‌فهمند و باسوادند، برای کارهای کوچک و پست انتخاب کن.

بی‌سوادها و نفهم‌ها همیشه شکرگزار تو خواهند بود و هیچگاه توانایی طغیان نخواهند داشت. فهمیده‌ها و با سوادها هم یا به سرزمین‌های دیگر کوچ می‌کنند یا خسته و سرخورده، عمر خود را تا لحظه مرگ، در گوشه‌ای از آن سرزمین در انزوا سپری خواهند کرد.

۲۵.آرزش نان

روزی کشاورزی و خانواده‌اش برای نهار خود را آماده می-
کردند. یکی از فرزندان گفت در کنار رودخانه هزاران سرباز
اُردو زده‌اند. چادری سفید رنگ هم در آنجا بود که فکر می کنم
پادشاه ایران در میان آنان باشد.

سه پسر از میان هفت فرزند مرد بلند شدند و به پدر رو کردند
و گفتند: وقت مناسبی است که ما را به خدمت ارتش ایران
درآوری. پدر از این کار آنان ناراضی بود اما پذیرفت و به
همراهشان به سوی اردو رفت.

دو سرباز در کنار درختی ایستاده بودند که با دیدن پدر و سه
پسرش پیش آمدند: سربازی پرسید چرا به سپاه ایران نزدیک
می شود. پدر گفت فرزندانم می‌خواهند همچون شما سرباز
ایران شوند.

سرباز گفت تا کنون چه می‌کردند. پدر گفت همراه من
کشاورزی می‌کنند. جنگاور نگاهی به سیمای سه برادر کرد و

گفت و اگر آنان همراه ما به جنگ بیایند زمین های کشاورزی را می‌توانی اداره کنی؟

پیرمرد گفت: قسمتی از زمین ها همچون گذشته خشک خواهد شد. سرباز گفت: دشمن کشور ما تنها سپاه آشور نیست دشمن بزرگتری که مردم ما را به رنج و نابودی می‌افکند گرسنگی است.

آنگاه روی برگرداند و گفت مردم ما تنها پیروزی نمی‌خواهند آنها باید شکم کودکانشان را سیر کنند و از آنها دور شد.

جنگاور دیگری که ایستاده بود به آنها گفت سخن پادشاه ایران فرورتیش (فرزند بنیانگذار ایران دیاکو)! را گوش کنید و کشاورزی کنید.

۲۶. نوروز

پادشاه ایران جمشید، شب بیست و نهم فروردین، در خواب دید ایران را آذین بسته‌اند؛ اما هیچ کس را نمی‌شناخت. آدم‌ها لباس‌های دیگری داشتند.

همه می‌دویدند، یکی گفت اینجا چرا ایستاده‌ایی؟! جشن نوروز به زودی فرا می‌رسد باید آن را با خویشاوندان خود جشن بگیری.

جمشید با تعجب گفت فردا جشن نوروز را آغاز می‌کنم! چرا امروز می‌دوید؟

آن مرد گفت جمشید ده هزار سال پیش این جشن را بر پا نمود! زودتر به خانه‌ات برو که خویشاوندان تو چشم به راه هستند!

جمشید از خواب پرید و فهمید جشن نوروز جاودانه است. او نوروز را به بزرگی برگزار نمود و در آنجا رو به ایرانیان کرد و گفت: اگر می‌شد هر روز را نوروز می نامیدم.

۲۷. مهرداد دوم و رومیان

روز آغاز جشن مهرگان بود و نمایندگان کشورهای گوناگون همراه با هدایایی نفیس به کاخ فرمانروای ایران در شهر صد دروازه (دامغان) وارد می شدند. عجیب‌ترین هدیه مربوط بود به کورنلیوس سولا، فرمانده ارشد روم که سه دختر بسیار زیبا به پادشاه ایران هدیه کرد.

پس از پایان مراسم، مشاور ارشد مهرداد دوم (اشک نهم) که پیری سالخورده بود، نزد فرمانروای ایران آمد و گفت: کشور روم به زودی به ایران حمله خواهد کرد. اشک نهم با تعجب گفت او امروز سه دختر زیبا به ما هدیه کرد! چگونه فردا به ایران حمله خواهد کرد؟

آن پیر سالخورده گفت وقتی دشمن از آرامش مرزها سخن می‌گوید به این معنی است که به این آرامش وفادار نیست و آن را خواهد شکست. این سه دختر زیبا را هم به خاطر گرفتار نمودن دل فرمانروا فرستاده است.

اشک نهم با شنیدن این سخن، بزرگان ارتش ایران را فرا خواند

و از آنها خواست لشکرها را آماده حمله نموده و به سوی باختر

ایران و مرزهای روم حرکت کنند.

۲۸.آرد دوم و سورنا

زمانی که سورنا سردار شجاع سپاه امپراتور ایران (ارد دوم) از جنگ بازمی‌گشت به پیرزنی برخورد. پیرزن به او گفت وقتی به جنگ می‌رفتی به چه چیزی دلبسته بودی؟ گفت به هیچ! تنها اندیشه‌ام نجات کشورم بود. پیرزن گفت و اکنون به چه چیز؟ سورنا پاسخ داد به ادامه نگهبانی از ایران.

پیرزن با نگاهی مهربان از او پرسید: آیا کسی هست که بخواهی بخاطرش جان بدهی؟ سورنا گفت: برای شاه ایران حاضرم هر کاری بکنم. پیرزن گفت: آنانی را که شکست دادی برای آیندگان خواهند نوشت کسی که جانت را برایش می‌دهی تو را کشته است و فرزندان سرزمینت از تو به بزرگی یاد می‌کنند و از او به بدی!

سورنا پاسخ داد: ما فدایی این آب و خاک هستیم. مهم اینست که همه قلبمان برای ایران می‌تپد. پیرزن گفت: وقتی پادشاه نیک ایران زمین از اینجا می‌گذشت همین سخن را به او گفتم و او گفت پیروزی سپاه در دست سربازان شجاع ایران زمین است

نه فرمان من. اشک در دیدگان سورنا گرد آمد و بر اسب نشست و با سپاهش به سوی کاخ فرمانروایی ایران رفت.

۲۹. مازیار و بانو گلدیس

پادشاه یونان در آرزوی کاخی به زیبایی تخت جمشید بود. او یکی از سرداران را که زبان ایرانیان را می‌دانست فراخواند و به او گفت: شنیده‌ام سنگ‌تراشی بنام مازیار و شاگردش بانو گلدیس پرسپولیس را همچون جواهرات تراش داده‌اند. به ایران برو و به هر گونه که امکان دارد این دو را به یونان بیاور. می‌خواهم آنها پرسپولیس زیباتری در آتن بسازند.

آن فرمانده یونانی با چند سرباز دیگر به ایران رفتند و با دو هنرمند ایرانی بازگشتند. در حالی که دست‌های آنها بسته، رویشان زرد و بسیار نحیف و لاغر شده بودند. پادشاه یونان به آنها گفت می‌خواهم هنرمندان یونانی را آموزش دهید و با کمک آنها کاخی باشکوه‌تر از پرسپولیس برایم بسازید.

مازیار سالخورده گفت نقشی که بر دیوارهای تخت جمشید می-تراشیم همه عشق است. ما نمی‌توانیم خواسته شما را انجام دهیم. پادشاه یونان تمیستوکل عصبانی شد و آن دو را به زندان انداخت.

مازیار و بانو گلدیس یک سال در بدترین شرایط شکنجه شدند. اما به آنها خدمتی نکردند تا اینکه خشایارشاه پس از شکست دادن یونان و فتح آتن آن دو هنرمند دلیر و میهن پرست را آزاد و به همراه خود به ایران بازگرداند.

۳۰. شکوه ایران

روزی کریمخان زند (پادشاه ایران) بعد از شکار در نزدیکی تخت جمشید اردو زد. از دور عظمت تخت جمشید دیده می‌شد. یکی از فرمانده‌ها گفت: آیا شکوه ایران زمین در تخت جمشید پایان می‌یابد؟

کریم خان پرسید: در زمان پادشاهی نادرشاه افشار کجا بودی؟ فرمانده گفت: در تمام آن دوران در روستایم به پدرم در کشاورزی کمک می‌کردم.

کریمخان خندید و گفت: آن زمان همانند امروز تو از دور به پادشاه ایران زمین نادرشاه افشار نگاه می‌کردم و می‌گفتم آیا تمام شکوه ایران زمین در نادر شاه افشار پایان می‌یابد!؟ و امروز به تو می‌گویم دیگر آن بزرگی و عظمت را من در کسی و جایی ندیدم.

۳۱. نجس‌ترین چیز در دنیا

روزی پادشاهی این سوال برایش پیش آمد که نجس‌ترین چیز در دنیا چیست. به همین خاطر وزیرش را مامور کرد که برود و این نجس‌ترین چیز را پیدا کند و درصورتی که آنرا پیدا کند تمام تخت و تاجش را به او بدهد.

وزیر هم عازم سفر شد و بعد از یکسال جستجو و پرس و جو از افراد مختلف به این نتیجه رسید که با توجه به حرف‌ها و صحبت‌های مردم باید پاسخ همین مدفوع آدمیزاد باشد.

مامور عازم کاخ خود شد در نزدیکی های شهر چوپانی را دید و به خود گفت، بگذار ازاو هم سؤال کنم. چوپان به وزیر گفت: من جواب را می‌دانم اما یک شرط دارد و وزیر نشنیده شرط را می‌پذیرد چوپان هم گفت تو باید مدفوع خودت را بخوری.

وزیر عصبانی شد ولی چوپان به او گفت: تو می توانی من را بکشی اما مطمئن باش پاسخی که پیدا کرده‌ای غلط است. تو این کار را بکن اگر جواب قانع کننده‌ای پیدا نکردی من را بکش.

وزیر به خاطر رسیدن به تاج و تخت، قبول می‌کند و آن کار را انجام می‌دهد.

چوپان به او می‌گوید: «کثیف‌ترین و نجس ترین چیزها طمع است. تو به خاطر طمع حاضر شدی آنچه را فکر می‌کردی نجس‌ترین است بخوری.»

۳۲. پاسخ بودا

روزی بودا در جمع عده‌ای نشسته بود. مردی به آنها نزدیک شد و از او پرسید: آیا خداوند وجود دارد؟ بودا پاسخ داد: آری، خداوند وجود دارد.

ظهر و پس از خوردن غذا، مردی دیگر آمد و پرسید: آیا خداوند وجود دارد؟ بودا گفت: نه، خداوند وجود ندارد.

اواخر روز، سومین مرد همان سواتل را از بودا پرسید. این بار بودا چنین پاسخ داد: تصمیم با خود تو است.

در این هنگام یکی از شگردان بودا، شگفت‌زده گفت: استاد، خیلی عجیب است، چگونه شما برای سه پرسش یکسان، پاسخ-های متفاوت می دهید؟

مرد آگاه گفت: «چون که این سه، افرادی متفاوت بودند که هر یک با روش خود برای شناخت خدا آمده بودند: یکی با یقین، دیگری با انکار و سومی هم با تردید!»

۳۳. کدام دین بهتر است؟

سلطان صلاح الدین در فکر فریب یکی از رعیت‌های یهودی ثروتمندش افتاد که حرفه‌اش صرافی بود. رعیت را صدا کرد و پرسید کدام دین بهتر است؟ صلاح الدین با خود اندیشید: «اگر بگوید دین یهود، به او خواهم گفت که طبق دین من او یک گناهکار است و اگر بگوید اسلام، به او خواهم گفت پس تو چرا یهودی هستی؟»

اما یهودی پاسخ داد: روزی روزگاری پدر خانواده‌ای سه فرزند عزیز انگشتری داشت و یک بسیار زیبا که با سنگی قیمتی تزئین شده بود.

هر کدام از فرزندان از پدر می‌خواستند که بعد از مرگ آن انگشتر را برای او بگذارد. پدر که نمی‌خواست هیچ کدام از آنان را برنجاند، پنهانی نزد زرگیری رفت و به او گفت: استاد باید برایم دو انگشتر، درست مثل این بسازی. زرگر خواسته او را انجام داد و دو انگشتر دیگر ساخت.

پدر فرزندان خود را صدا کرد و به هر کدام یک انگشتر داد. به طوری که آنها فکر می‌کردند خود صاحب انگشتر اصلی شده‌اند.

هیچ کدام غیر از پدر از واقعیت خبر نداشت. ادیان نیز این گونه‌اند! تو می‌دانی که ما سه دین داریم. پدر که آنها را به فرزندانش بخشیده، خود به خوبی می‌داند کدام یک بهترین دین است. ولی ما که فرزندان او هستیم، هر کدام فکر می‌کنیم بهترین دین مال ماست؛ و پدر به همه ما لبخند می‌زند و می‌خواهد هر یک انگشتری را که برایمان ساخته است بر انگشت داشته باشیم.»

۳۴. بستن گربه

در یک معبد گربه‌ای وجود داشت که هنگام عبادت راهب‌ها،
مزاحم تمرکز آن‌ها می‌شد. بنابراین استاد بزرگ دستور داد هر
وقت زمان عبادت می‌شود، یک نفر گربه را بگیرد و به آخر باغ
ببرد و به درختی ببندد. همین موضوع سال‌ها ادامه پیدا کرد و
یکی از اصول کار آن مذهب شد.

سال‌ها بعد استاد بزرگ درگذشت. گربه هم مرد. راهبان آن
معبد گربه‌ای خریدند و به معبد آوردند تا هنگام عبادت به
درخت ببندند و اصول عبادت را درست به جا آورده باشند.

سال‌ها بعد استاد بزرگ دیگری مقاله‌ای نوشت درباره اهمیت
بستن گربه به درخت در هنگام عبادت!

۳۵. حج

ابوسعید ابوالخیر مقداری پول پس‌انداز کرده بود تا به زیارت کعبه برود. او با کاروانی به سمت کعبه رفت و چون توانایی پرداخت پول برای اسب نداشت، پیاده سفر کرد و به دیگران خدمت می‌کرد.

تا اینکه در میان راه برای استراحت، ایستادند. او برای جمع آوری هیزم به اطراف رفت. زیر درختی، مرد فقیری با حال پریشان دید. جلو رفت و حال او را پرسید.

فهمید که یک هفته است که خود و خانواده‌اش در گرسنگی به سر می‌برند. ابوسعید پولی را که پس انداز کرده بود را به او داد و گفت برو.

مرد بینوا گفت: راضی نیستم تو در سفر حج به سختی بیافتی تا من برای فرزندانم غذا ببرم. ابوسعید گفت: حج من، تو بودی.

۳۶. سقراط

روزی سقراط مردی را دید که خیلی ناراحت بود. علت ناراحتی-
اش را پرسید. شخص پاسخ داد: در راه که می‌آمدم یکی از
آشنایان را دیدم. سلام کردم جواب نداد و رفت و من از این
رفتار او خیلی ناراحت شدم.

سقراط گفت: چرا ناراحت شدی؟ مرد با تعجب گفت: خوب
معلوم است که چنین رفتاری ناراحت کننده است. سقراط
پرسید: اگر در راه کسی را می دیدی که به زمین افتاده و از درد
به خود می پیچد. آیا از دست او دلخور و ناراحت می شدی؟
مرد گفت: مسلم است که هرگز دلخور نمی‌شدم. آدم از بیمار
بودن کسی دلخور نمی‌شود. سقراط پرسید: به جای دلخوری چه
احساسی داشتی و چه می‌کردی؟

مرد جواب داد: احساس دلسوزی و سعی می‌کردم به او کمک
کنم. سقراط گفت: همه این کارها را به خاطر آن می‌کردی که او
را بیمار می‌دانستی، آیا کسی که رفتارش نادرست است، بیمار

نیست؟ باید به جای دلخوری و رنجش نسبت به کسی که بدی می کند، به او کمک کرد. پس از دست هیچ کس ناراحت نشو.

۳۷. آزمون مدیران

روزی شاه عباس صفوی، بزرگان کشور را به مهمانی دعوت کرد. او به خدمتکاران دستور داد تا در قلیان‌ها بجای تنباکو، از سرگین اسب استفاده کنند. مهمان‌ها مشغول کشیدن قلیان شدند.

شاه رو به آنها کرد و گفت: قلیان‌ها با بهترین تنباکو پر شده‌اند. آن را حاکم همدان برای ما فرستاده است. همه از تنباکو و عطر آن تعریف کردند و گفتند: تنباکویی بهتر از این نمی‌توان پیدا کرد. شاه به رئیس نگهبانان کاخ، گفت: تنباکوی قلیان چطور است؟

رئیس نگهبانان گفت: به جان شما سوگند که تنباکویش عالی است.

شاه با تحقیر به آنها نگاهی کرد و گفت: بخاطر حفظ پست و مقام، حاضرید بجای تنباکو، سرگین اسب بکشید و تعریف و تجید کنید.

۳۸. کلاه فروش و میمون‌ها

روزی یک کلاه فروش از جنگلی عبور می‌کرد. تصمیم گرفت زیر درختی استراحت کند. کلاه‌ها را کنار گذاشت و خوابید. وقتی بیدار شد متوجه شد که کلاه‌ها نیستند. بالای سرش را نگاه کرد. تعدادی میمون را دید که کلاه‌ها را برداشته‌اند.

فکر کرد که چگونه کلاه‌ها را پس بگیرد. در حال فکر کردن سرش را خاراند و دید که میمون‌ها همین کار را کردند. او کلاه را از سرش برداشت و دید که میمون‌ها هم از او تقلید کردند. او فکر کرد که کلاه خود را روی زمین پرت کند. این کار را کرد و دید میمون‌ها هم کلاه‌ها را بطرف زمین پرت کردند. او همه کلاه‌ها را جمع کرد و به سمت شهر رفت.

سال‌های بعد نوه او هم کلاه فروش شد. پدربزرگ این داستان را برای نوه اش را تعریف کرد و تاکید کرد که اگر چنین شرایطی برایش پیش آمد چگونه برخورد کند. یک روز که او از همان جنگل گذشت در زیر درختی استراحت کرد و همان شرایط برایش اتفاق افتاد.

او شروع به خاراندن سرش کرد. میمون ها هم همان کار را کردند. او کلاهش را برداشت، میمون ها هم این کار را کردند. کلاهش را بر روی زمین انداخت ولی میمون ها این کار را نکردند. یکی از میمون ها از درخت پایین آمد و کلاه را از سرش برداشت و به او گفت: فکر می‌کنی فقط تو پدربزرگ داری!

۳۹.احمق‌ترین مردم

سلطان محمود غزنوی دستور داد تا بگردند و یک نفر را که احمق‌تر از همه است را پیدا کنند. ماموره‌ا مدت‌ها گشتند تا شخصی را دیدند که بر شاخ درختی نشسته است و با تبری شاخه را می‌برد.

ماموره‌ای سلطان با خود گفتند از این شخص احمق تر پیدا نمی-شود. او را گرفتند به نزد سلطان بردند و کار احمقانه‌اش را برای سلطان تعریف کردند.

آن شخص گفت: احمق‌تر از من سلطان است. او با ظلم و ستم به مردمی که همانند شاخه درخت برای حکومت هستند، قطع می-کنند.

۴۰. دوستی خاله خرسه

مردی شجاع از راهی عبور می‌کرد. دید که یک اژدها خرسی را گرفته است. او که فریاد خرس مظلوم را شنید برای کمک به سمت او رفت تا او را نجات دهد.

با وجود همه‌ی خطرات، خرس را از دهان اژدها نجات داد. خرس وقتی این جوانمردی را از او دید به او علاقه پیدا کرد و با او همراه شد.

مرد خسته شد و خوابید. خرس نگهبانی می‌داد و از او مواظبت می‌کرد. مردی دانا این وضع را دید، آن مرد را بیدار کرد و گفت: ای برادر این خرس کیست ؟

مرد داستان خرس و اژدها را تعریف کرد. مرد گفت: به خرس دل نبد احمق.

مرد گفت: تو به من حسادت می‌کنی. آن مرد پاسخ داد: حسادت دانا بهتر از دوستی نادان است.

مرد دانا گفت: من دشمن تو نیستم، دنبالم بیا. مرد پاسخ داد: خوابم می‌آید.

مرد دانا گفت: بهتر است در کنار یک انسان خردمند بخوابی، نه در کنار یک احمق.

مرد خوابید و مگسی دورش می‌گشت و خرس سعی می‌کرد مگس را از او دور کند. هرچقدر خرس مگس را می‌پراند که روی مرد ننشیند سودی نداشت. خرس رفت و سنگ بسیار بزرگی برداشت و به مگس زد که فرار کند اما سنگ روی مرد خوابیده افتاد.

۴۱. ملا و شمع

در نزدیکی روستایی یک مکان بلندی بود که شب‌ها باد می‌آمد و خیلی سرد می‌شد. دوستان ملا به او گفتند: اگر بتوانی یک شب تا صبح بدون آنکه از آتش استفاده کنی در آن تپه بمانی، ما برای تو یک مهمانی برپا می کنیم وگرنه تو باید یک مهمانی مفصل برای همه ما برپا کنی.

ملا قبول کرد. شب در آنجا رفت و تا صبح سرما را تحمل کرد. صبح که آمد گفت: من برنده شدم و باید برای من یک مهمانی برپا کنید. دوستانش گفتند: ملا از هیچ آتشی استفاده نکردی؟ ملا گفت: نه، فقط در یکی از روستاهای اطراف یک پنجره روشن بود و معلوم بود شمعی در آنجا روشن است.

دوستان گفتند: همان آتش تو را گرم کرده است. بنابراین شرط را باختی و باید مهمانی بدهی. ملا قبول کرد و گفت: فردا ناهار به منزل ما بیایید. دوستان آمدند، اما نشانی از ناهار نبود. گفتند: ملا، نهار کجاست؟ ملا گفت: هنوز آماده نشده است.

چند ساعت دیگر هم گذشت باز ناهار آماده نبود. دوستان به آشپزخانه رفتند که ببینند چگونه ناهار آماده نشده است.

دیدند ملا یک دیگ بزرگ به طاق آویزان کرده دو متر پایینتر یک شمع کوچک زیر دیگ گذاشته است. گفتند: ملا این شمع کوچک نمی‌تواند از فاصله دو متری دیگ به این بزرگی را گرم کند.

ملا گفت: چطور از فاصله چند کیلومتری می‌توانست مرا روی تپه گرم کند؟ شما بنشینید تا غذا آماده شود.

۴۲. همسایه فضول

زن و مرد جوانی به محله جدیدی اسباب کشی کردند. روز بعد موقع صرف صبحانه زن متوجه شد که همسایه‌اش در حال آویزان کردن لباس‌های شسته است.

زن رو به همسرش کرد و گفت: لباس‌ها را تمیز نشسته است. احتمالا بلد نیست لباس بشوید شاید هم باید پودرش را عوض کند. مرد هیچ نگفت.

مدتی گذشت و هر موقع که زن همسایه لباس های شسته را آویزان می‌کرد، او همان حرف ها را تکرار می‌کرد.

یک روز با تعجب متوجه شد همسایه لباس های تمیز را روی طناب آویزان کرده است. به همسرش گفت: یاد گرفته چه طور لباس بشوید. مرد پاسخ داد: من امروز صبح زود بیدار شدم و پنجره‌هایمان را تمیز کردم!

۴۳. انسان ظالم

از بایزید پرسیدند: استاد تو که بود؟ گفت: یک پیرزن. روزی به صحرا رفتم، یک پیرزن را با کیسه ای آرد دیدم. به من گفت: این کیسه آرد من را بگیر و با من بیا.

کیسه آنقدر سنگین بود که من هم نمی‌توانستم ببرم. به شتری اشاره کردم. آمد. کیسه را پشت شتر گذاشتم و به پیرزن گفتم: وقتی به شهر رفتی می‌گویی چه کسی را دیدم؟ پیرزن گفت: می‌گویم انسانی ظالم را دیدم.

به او گفتم: چه می گویی پیرزن. گفت: این شتر مجبور است یا نه؟ گفتم: نه. گفت: تو آن را که مجبور کردی ظالم نیستی؟ تو می‌خواهی با این کار بگویی انسان خوب و عادلی هستی اما نه اینطور نیست.

۴۴. مرد اسیر و پادشاه

در یکی از جنگ‌ها، عده‌ای را اسیر کردند و نزد شاه بردند. شاه فرمان داد تا یکی از اسیران را اعدام کنند. اسیر که از زندگی ناامید شده بود، عصبانی شد و شاه سرزنش کرد و ناسزا می‌گفت.

شاه پرسید: این اسیر چه می‌گوید؟ یکی از وزیران گفت: ای پادشاه او می‌گوید: خشم را از خود دور کن و انسان‌ها را ببخش. پادشاه آرام شد و اسیر را بخشید. وزیر دیگر که مخالف او بود گفت: ما در حضور پادشاهان دروغ نمی‌گوییم. این شخص به پادشاه ناسزا گفت.

پادشاه از حرف او ناراحت شد و گفت: آن دروغ قابل قبول‌تر بود تا این سخن راست که تو گفتی. در آن مصلحت بود و در این دشمنی.

۴۵. شاگرد معمار

شاگرد یک معمار، جوانی بسیار باهوش اما عجول بود. هر وقت کسی را می‌دید شروع می‌کرد به تعریف کردن از توانایی های خود در معماری و در نهایت می‌نالید از این که کسی قدر او را نمی داند و حقوقش پایین است.

روزی برای کوتاه کردن مو به سلمانی رفت. دید آرایشگر مشغول کوتاه کردن موی کسی است. فرصت را مناسب دید و باز از هنر خود گفت و اینکه کسی قدر او را نمی‌داند و او هنوز نتوانسته خانه خوبی برای خود بخرد. به اینجای صحبت که رسید کار آرایشگر هم تمام شد.

مردی که مویش کوتاه شده بود رو به جوان کرده و گفت: آیا چون هنر داری دیگران باید برای تو اسباب آسایش را فراهم کنند؟! جوان گفت: بله. مرد گفت: اگر هنر تو نقش زیبای خانه- ای شود پولی بگیری با گدای کوچه و بازار فرقی نداری.

وقتی از او دور شد جوان از آرایشگر پرسید او که بود که با من اینگونه صحبت کرد؟ آرایشگر خندید و گفت: ابومسلم خراسانی.

۴۶. ارباب و دهقان

در مزرعه‌ای چند نفر کشاورز سکونت داشتند. مزرعه قلعه‌ای با دیوارهای بلند داشت. هوایش بسیار سرد بود. در یکی از شب‌های پاییزی، یکی از بزرگان شهر به آنجا رفت. وقتی هنگام خواب شد، مرد به کشاورز میزبان گفت: وقت خوابیدن است. برای خوابیدن یک رختخواب تمیز بیاور. دهقان در جواب گفت: رختخواب ندارم فقط چند تکه جُل اسب دارم!

مرد که از شنیدن این جواب و رختخوابی که دهقانش برای او تهیه کرده خیلی ناراحت شد، گفت: من زیر جل اسب بخوابم؟ و به حالت اعتراض بلند شد و به یکی از اتاق‌های دیگر قلعه رفت. دستور داد مقداری هیزم بیاورند و آتش روشن کنند. اما نیمه شب سرما بیشتر شد و مرد بیچاره از شدت سرما از اتاق بیرون رفت و همان کشاورز را به نام صدا می‌کند: آهای ناصر!

ناصر جواب داد: بله ارباب! مرد گفت: آن را که گفتی اسمش را نیاور و بردار و بیاور.

۴۷. سکه طلا و نقره

ملا نصرالدین هر روز در بازار گدایی می‌کرد و مردم با نیرنگ او را اذیت می‌کردند. دو سکه به او نشان می‌دادند که یکی طلا بود و یکی نقره. اما ملانصرالدین همیشه سکه نقره را انتخاب می‌کرد. این داستان در تمام منطقه پخش شد.

هر روز گروهی زن و مرد می‌آمدند و دو سکه به او نشان می‌-دادند و ملا نصرالدین همیشه سکه نقره را انتخاب می‌کرد. تا اینکه مرد مهربانی از اینکه ملا نصرالدین را اذیت می‌کردند، ناراحت شد.

مرد به سراغ ملا رفت و گفت: هر وقت دو سکه به تو نشان دادند، سکه طلا را بردار. اینطوری هم پول بیشتری بدست می‌-آوری و هم دیگر اذیت نمی‌شوی. ملا نصرالدین پاسخ داد: اگر سکه طلا را بردارم، دیگر مردم به من پول نمی‌دهند تا ثابت کنند که من احمق‌تر از آن‌ها هستم. شما نمی‌دانید تا حالا با این کار چقدر پول بدست آورده‌ام. اگر کاری که می کنی هوشمندانه باشد، مهم نیست که تو را احمق بدانند.

۴۸. افسوس تکراری

مردی برای جمعی سخن می‌گفت. لطیفه‌ای برای آنها تعریف کرد و همه خندیدند.

بعد از لحظه‌ای او دوباره همان لطیفه را گفت و تعداد کمتری از آنها خندیدند. او دوباره لطیفه را تکرار کرد تا اینکه دیگر کسی در جمع به آن لطیفه نخندید.

مرد لبخندی زد و گفت: وقتی که نمی‌توانید بارها و بارها به لطیفه‌ای یکسان بخندید، پس چرا بارها و بارها به افسوس خوردن در مورد مسئله‌ای مشابه ادامه می‌دهید؟

گذشته را فراموش کنید و به جلو نگاه کنید.

۴۹. سنگ و سنگتراش

سنگ‌تراشی که از کار خود ناراضی بود از کنار خانه بازرگانی رد می‌شد. در باز بود و او خانه مجلل و باغ بازرگان را دید و به حال خود افسوس خورد. با خود گفت: این بازرگان چقدر قدرتمند است! و آرزو کرد که او هم مانند بازرگان باشد.

در یک لحظه، او تبدیل به بازرگانی ثروتمند شد. تا این که یک روز حاکم شهر از آنجا عبور کرد، او دید که همه مردم به حاکم احترام می گذارند حتی بازرگانان.

مرد با خود فکر کرد: کاش من هم یک حاکم بودم، آن وقت از همه قوی‌تر می شدم! در همان لحظه، او تبدیل به حاکم قدرتمند شهر شد. در حالی که روی تخت باشکوهی نشسته بود، مردم همه به او تعظیم می‌کردند، احساس کرد که نور خورشید او را آزار می‌دهد. با خودش فکر کرد که خورشید چقدر قدرتمند است.

او آرزو کرد که خورشید باشد و تبدیل به خورشید شد. با تمام نیرو سعی کرد که به زمین بتابد و آن را گرم کند. بعد از مدتی ابری بزرگ و سیاه آمد و جلوی نور او را گرفت. پس با خود فکر کرد که نیروی ابر از خورشید بیشتر است و آرزو کرد که تبدیل به ابری بزرگ شود.

کمی نگذشته بود که بادی آمد و او را به این طرف و آن طرف برد. این بار آرزو کرد که باد شود و تبدیل به باد شد. ولی وقتی به نزدیکی صخره سنگی رسید، دیگر قدرت تکان دادن صخره را نداشت. با خود گفت که قوی‌ترین چیز در دنیا، صخره سنگی است و تبدیل به سنگی بزرگ و عظیم شد.

همان طور که با غرور ایستاده بود، ناگهان صدایی شنید و احساس کرد که دارد خُرد می شود. نگاهی به پایین انداخت و سنگ تراشی را دید که با چکش دارد او را می‌تراشد.

۵۰. شایعه

زنی در مورد همسایه خود شایعات زیادی ساخت و شروع به پخش کردن آن کرد. بعد از مدت کمی همه اطرافیان آن همسایه از آن شایعات باخبر شدند. شخصی که برایش شایعه ساخته بود به شدت از این کار آسیب دید و دچار مشکلات زیادی شد.

بعدها وقتی که آن زن متوجه شد که آن شایعاتی که ساخته همه دروغ بوده و وضعیت همسایه‌اش را دید از کار خود پشیمان شد و سراغ مرد دانایی رفت تا از او کمک بگیرید بلکه بتواند این کار خود را جبران کند.

مرد دانا به او گفت: به بازار برو و یک مرغ بخر آن را بکش و پرهایش را در مسیر جاده‌ای نزدیک محل زندگی خود پخش کن. آن زن از این راه حل تعجب کرد ولی این کار را کرد.

فردای آن روز مرد دانا به او گفت حالا برو و آن پرها را برای من بیاور. آن زن رفت ولی ۴ تا پر بیشتر پیدا نکرد.

مرد دانا در جواب تعجب زن گفت: انداختن آن پرها ساده بود ولی جمع کردن آنها به همین سادگی نیست. همانند آن شایعه-هایی که ساختی، شایعه به سادگی انجام شد ولی جبران کامل آن غیر ممکن است. پس بهتر است از شایعه‌سازی دست برداری.

۵۱. نقاشی کمال الملک

کمال الملک نقاش معروف ایرانی در دوران قاجار بود. او برای آشنایی با شیوه‌های نقاشان فرنگی به اروپا سفر کرد. زمانی که در پاریس بود فقیر شد.

یک روز وارد رستورانی شد و سفارش غذا داد در آنجا رسم بود که افراد متشخص پس از صرف غذا پول غذا را روی میز می‌گذاشتند و می‌رفتند. معمولا هم مبلغی بیشتر، چون این مبلغ اضافی بعنوان انعام به گارسون می‌رسید.

اما کمال الملک پولی نداشت. بنابراین پس از صرف غذا از فرصت استفاده کرد و از داخل کیفش که وسایل نقاشی‌اش در آن بود مدادی برداشت و پس از تمیز کردن کف بشقاب عکس یک اسکناس را روی آن کشید. بشقاب را روی میز گذاشت و از رستوران بیرون آمد.

گارسون که اسکناس را داخل بشقاب دید دست برد که آن را بردارد ولی متوجه شد که پولی در کار نیست و تنها یک نقاشی است.

گارسون با عصبانیت دنبال کمال الملک دوید. او را گرفت و شروع به داد و فریاد کرد. صاحب رستوران جلو آمد و جریان را پرسید. گارسون بشقاب را به او نشان داد و گفت این مرد یک دزد است. بجای پول عکس‌اش را داخل بشقاب کشیده است.

صاحب رستوران که مردی هنرشناس بود دست در جیب کرد و مبلغی پول به کمال الملک داد. بعد به گارسون گفت رهایش کن برود. این بشقاب خیلی بیشتر از یک غذا ارزش دارد.

۵۲. سه سوال

روزی پادشاهی به وزیر خود گفت: ۳ سوال می‌پرسم، فردا اگر جواب ندادی اخراج می‌شوی. سوال اول: خدا چه می‌خورد؟ سوال دوم: خدا چه می‌پوشد؟ سوال سوم: خدا چه کار می‌کند؟

وزیر از اینکه جواب سوالها را نمی‌دانست ناراحت بود. او خدمتکاری فهمیده و زیرک داشت. وزیر به خدمتکار گفت: سلطان ۳ سوال کرده است. اگر جواب ندهم اخراج می‌شوم. سه سوال این است: خدا چه می‌خورد؟ چه می‌پوشد؟ چه کار می‌-کند؟

خدمتکار گفت؛ هرسه را می‌دانم اما دو جواب را الان می‌گویم وسومی را فردا! اما خدا چه می‌خورد؟ خدا غم بنده‌هایش را می‌-خورد. اینکه چه می‌پوشد؟ خدا عیب‌های بنده‌های خود را می‌-پوشاند. اما پاسخ سوم را اجازه بدهید فردا بگویم.

فردا وزیر و خدمتکار نزد پادشاه رفتند. وزیر به دو سوال جواب داد. سلطان گفت درست است ولی بگو جواب‌ها را خودت گفتی یا از کسی پرسیدی؟

وزیر گفت این خدمتکار من انسان باهوشی هست. جوابها را او داد.

گفت پس لباس وزیری‌ات را دربیاور و به این خدمتکار بده. خدمتکار هم لباس خدمتکاری را درآورد و به وزیر داد. بعد وزیر به خدمتکار گفت جواب سوال سوم چه شد؟

خدمتکار گفت: آیا هنوز نفهمیدی خدا چکار می‌کند؟! خدا در یک لحظه خدمتکار را وزیر می‌کند و وزیر را خدمتکار می‌کند.

۵۳. باغبان و وزیر

نادر شاه در حال قدم زدن در باغش بود که باغبان خسته و ناراضی نزد او رفت و گفت: پادشاه فرق من با وزیرت چیست؟! من باید اینهمه زحمت بکشم ولی او در ثروت زندگی می‌کند!

نادر شاه کمی فکر کرد و دستور داد باغبان و وزیرش به قصر بیایند. هردو آمدند و نادرشاه گفت: در گوشه باغ گربه‌ای زایمان کرده است. بروید و ببینید چند بچه به دنیا آورده!

هردو به باغ رفتند و پس از بررسی نزد شاه برگشتند و گزارش خودرا اعلام نمودند.

ابتدا باغبان گفت: پادشاها من آن گربه‌ها را دیدم سه بچه گربه زیبا زایمان کرده.

سپس نوبت به وزیر رسید او برگه‌ای باز کرد و از روی نوشته‌هایش شروع به خواندن کرد: من به جنوب غربی باغ رفتم و در زیر درخت توت آن گربه سفید را دیدم. او سه بچه به دنیا آورده است که دوتای آنها نر و یکی ماده است. نرها یکی سفید

و دیگری سیاه و سفید است. بچه گربه ماده خاکستری رنگ است. حدودا یکماه هست که به دنیا آمده‌اند. من متوجه شدم آشپز هر روز اضافه غذاها را به مادر گربه‌ها می‌دهد و اینگونه بچه گربه‌ها از شیر مادرشان تغذیه می‌کنند. همچنین چشم چپ بچه گربه ماده عفونت کرده که ممکن است برایش مشکل ساز شود!

نادر شاه روبه باغبان کرد و گفت به همین علت است که تو باغبان شده ای و ایشان وزیر.

۵۴. مادرشوهر

دختری ازدواج کرد و به خانه شوهر رفت؛ ولی هرگز نمی-
توانست با مادرشوهرش زندگی کند و هر روز با هم جر و بحث
می‌کردند. بالاخره یک روز دختر نزد داروسازی که دوست
صمیمی پدرش بود رفت و از او تقاضا کرد سمی به او بدهد تا او
بتواند مادر شوهرش را بکشد!

داروساز گفت اگر سم خطرناکی به او بدهد و مادر شوهرش
کشته شود، همه به او شک خواهند کرد. پس معجونی به دختر
داد و گفت که هر روز مقداری از آن را در غذای مادر شوهر
بریزد تا سم معجون کم کم در او اثر کند و او را بکشد.
داروساز توصیه کرد تا در این مدت با مادر شوهر مهربان باشد
تا کسی به او شک نکند.

دختر معجون را گرفت و خوشحال به خانه برگشت. هر روز
مقداری از آن را در غـذای مادر شوهـر می‌ریخت و با مهربانی
به او می‌داد. هفته ها گذشت و با مهر و محبت عروس، اخلاق
مادرشوهر هم بهتر و بهتر شد تا آنجا که یک روز دختر نزد

داروساز رفت و به او گفت: آقای دکتر، دیگر از مادر شوهرم متنفر نیستم. حالا او را مانند مادرم دوست دارم و دیگر دلم نمی‌خواهد که بمیرد، خواهش می‌کنم داروی دیگری به من بدهید تا سم را از بدنش خارج کند.

داروساز لبخندی زد و گفت: دخترم، نگران نباش. آن معجونی که به تو دادم سم نبود بلکه سم در ذهن خود تو بود که حالا با عشق به مادر شوهرت از بین رفته است.

۵۵. دزد باشعور

روزی دزدی در راه بسته‌ای پیدا کرد که در آن چیز گرانبهایی بود و دعایی نیز داخل آن بود.

آن شخص بسته را به صاحبش بازگرداند. به او گفتند: چرا این همه مال را از دست دادی؟

او گفت: صاحب مال اعتقاد داشت که این دعا، مال او را حفظ می‌کند. من دزد مال او هستم، نه دزد دین!

اگر آن را باز نمی‌گرداندم. به اعتقاد او آسیب می‌رساندم. آن وقت من دزد باورهای او نیز بودم و این کار دور از انصاف است!

۵۶. یک با یک برابر نیست!

روزی معلمی روی تخته سیاه نوشت یک با یک برابر است. یکی از دانش آموزان بلند شد و گفت: آقا یک با یک برابر نیست. معلم که ناراحت شد و گفت: بیا اینجا و ثابت کن یک با یک برابر نیست. اگر ثابت نکنی تنبیه می‌شوی.

دانش‌آموز با نگرانی رفت و گفت: آقا من هشت سالم هست علی هم هشت سالش هست، شب وقتی پدر علی به خانه می‌رود با علی بازی می‌کند. اما پدر من هر شب من را کتک می‌زند.

چرا علی بعد از اینکه از مدرسه به خانه می‌رود. درکنار خانواده احساس آرامش می‌کند. اما من بعد از مدرسه باید کار کنم.

محسن مثل من ۸ سال دارد. چرا از خانه محسن همیشه بوی برنج می‌آید اما ما همیشه شب‌ها گرسنه می‌خوابیم.

شایان مثل من ۸ سال دارد. چرا او هر ۳ ماه یک بار کفش می-
خرد اما من ۳ سال یک کفش را می‌پوشم. حمید مثل من ۸ سال دارد .

چرا همیشه بعد از مدرسه با مادرش به پارک می‌رود اما من باید بروم پاهای مادر مریضم را ماساژ بدهم و...

معلم اشکهایش را پاک کرد و رفت روی تخته سیاه نوشت: یک با یک برابر نیست.

۵۷. پیرمرد و الاغ

کشاورزی یک الاغ پیر داشت. یک روز الاغ به درون یک چاه بدون آب افتاد. کشاورز هر چقدر سعی کرد نتوانست الاغ را از درون چاه بیرون آورد. کشاورز و مردم روستا تصمیم گرفتند برای اینکه حیوان زجر نکشد، چاه را با خاک پر کنند تا الاغ زودتر بمیرد. مردم با سطل روی سر الاغ خاک می‌ریختند اما الاغ هر بار خاک‌های روی بدنش را می‌تکاند و زیر پایش می‌-ریخت.

روستایی‌ها همینطور به خاک ریختن روی الاغ بیچاره ادامه دادند. الاغ هم همینطور به بالا آمدن ادامه داد؛ تا اینکه به لبه چاه رسید و از چاه بیرون آمد.

نتیجه اخلاقی این داستان این است که، مشکلات مانند خاک بر سر ما می‌ریزند و ما دو انتخاب داریم. اول اینکه اجازه بدهیم مشکلات ما را بکشند و دوم اینکه از مشکلات سکویی بسازیم برای صعود!

۵۸. جوان ثروتمند و عارف

یک جوان ثروتمند نزد یک عارف رفت. جوان از عارف خواست که او را نصحیت کند تا در زندگی به کار بگیرد. عارف او را به کنار پنجره برد و پرسید: چه می بینی؟ جوان گفت: آدم‌هایی که می‌آیند و می‌روند و گدای کوری که در خیابان پول می‌گیرد.

بعد عارف آینه بزرگی به او نشان داد و باز پرسید: در آینه نگاه کن و بعد بگو چه می‌بینی؟ گفت: خودم را می بینم. عارف گفت: دیگر دیگران را نمی‌بینی! آیینه و پنجره هر دو از یک چیز ساخته شده‌اند: شیشه.

اما در آینه لایه‌ی نازکی از جیوه در پشت شیشه قرار دارد و در آن چیزی جز خودت را نمی‌بینی. این دو را با هم مقایسه کن: وقتی شیشه فقیر باشد، دیگران را می‌بیند و به آن‌ها احساس محبت می‌کند. اما وقتی از جیوه (یعنی ثروت) پوشیده می‌شود، فقط خودش را می‌بیند. تنها وقتی ارزش داری که شجاع باشی و آن پوشش جیوه‌ای را از جلو چشم‌هایت برداری، تا بتوانی دیگران را ببینی و دوستشان بداری.

۵۹. گربه را دم حجله کشتن

در گذشته دختری تندخو و بد اخلاق وجود داشت که هیچ کس حاضر به ازدواج با او نبود. پس از مدتی پسری از اهالی شهامت پیدا کرد و تصمیم گرفت که با او ازدواج کند. بر خلاف نظر همه، او گفت که می‌تواند دختر را مطیع خود کند.

بعد از مراسم عروسی، عروس و داماد وارد خانه شدند و چند دقیقه که گشت پسر احساس تشنگی کرد. گربه‌ای در اتاق وجود داشت. پسر از گربه خواست که آب بیاورد.

چند بار تکرار کرد: گربه برو و برای من آب بیاور. گربه بیچاره هم از جایش تکان نمی‌خورد تا اینکه مرد جوان چاقویش را بیرون آورد و گربه را کشت. سپس رو به دختر کرد و گفت برو آب بیاور.

۶۰. گره

پیرمردی فقیر، زندگی را در فقر می‌گذراند و به سختی برای زن و فرزندانش غذایی فراهم می‌کرد.

یک روز که پیرمرد به آسیاب رفته بود، دهقان مقداری گندم در دامن لباسش ریخت و پیرمرد گوشه‌های آن را به هم گره زد و در همان حالی که به خانه باز می‌گشت با خدا از مشکلات خود سخن می‌گفت و برای گشایش آنها دعا می‌کرد و تکرار می‌کرد: «خدایا گره مشکلات ما را بگشا»

پیرمرد در حالی که این دعا را با خود زمزمه می‌کرد و می‌رفت، یک گره از گره‌های دامنش باز شد. گندم‌ها به زمین ریخت. او به شدت ناراحت شد و رو به خدا کرد و گفت:

من کی به تو گفتم که این گره را باز کند و گندم‌ها را بریز. اگر آن گره فقر را باز نمی‌کنی چرا این گره دامن را باز کردی.

پیرمرد نشست تا گندم‌ها را جمع کند ولی دید دانه‌های گندم

روی چند سکه طلا ریخته است! پس متوجه رحمت خداوند شد

و از خدا طلب بخشش کرد.

۶۱. تختی

یکی از بهترین مسابقات کشتی غلامرضا تختی با پتکوف سیراکف قهرمان نامدار بلغارستانی بود. هر دو به دور نهایی رسیده بودند. کشتی که شروع شد، غلامرضا سیراکف را زیر گرفت او را خاک کرد و پای حریف را در پای خود گیر انداخت و تحت فشار قرار داد.

دقیقه سوم کشتی بود. فشار پا موجب ناراحتی شدید سیراکف شد. سیراکف با دست به پایش اشاره کرد. تختی که متوجه ناراحتی او شده بود، سیراکف را رها کرد و از جا بلند شد. فریاد اعتراض تماشاچیان بلند شد که چرا این کار را کردی؟

تختی ایستاده بود و سرش پایین انداخته بود، او در برابر همه فریادها سکوت کرد. سیراکف که این عمل جوانمردانه را از حریف خود دیده بود، منتظر داور نشد و خودش دست تختی را به عنوان برنده بلند کرد.

۶۲. دعا

مرد پولداری در کابل، در نزدیکی مسجد، رستورانی ساخته بود که در آن موسیقی و رقص اجرا می‌شد، و به مشتریان مشروب هم سرویس می شد.

ملای مسجد هر روز سخنرانی می‌کرد و در پایان سخنرانی دعا می‌کرد تا بلای آسمانی بر این رستوران که اخلاق مردم را فاسد می‌سازد، وارد کند.

یک ماه از فعالیت رستوران می‌گذشت که رعد و برق و توفان شدیدی گرفت. تنها جایی که خسارت دید، همین رستوران بود که به خاکستر تبدیل گردید.

ملای مسجد روز بعد با غرور و افتخار خراب شدن آن خانه فساد را به مردم تبریک گفت و می‌گفت: اگر مومن از ته دل از خداوند چیزی بخواهد، از خدا ناامید نمی‌شود. اما خوشحالی مومنان و ملای مسجد طولی نکشید. صاحب رستوران به دادگاه شکایت کرد و از ملای مسجد جبران خسارت خواست.

اما ملا و مومنان چنین ادعایی را نپذیرفتند. گفت: نمی‌دانم چه حکمی بدهم! من صحبت‌های هر دو طرف را شنیدم، از یک سو ملا و مومنانی قرار دارند که به تاثیر دعا باور ندارند و از سوی دیگر مرد می فروشی که به تاثیر دعا باور دارد.

۶۳. نصیحت لقمان

روزی لقمان به پسرش گفت امروز به تو سه نصحیت خواهم کرد که در زندگی موفق شوی. اول اینکه سعی کن در زندگی بهترین غذای جهان را بخوری! دوم اینکه در بهترین رختخواب جهان بخوابی! سوم اینکه در بهترین کاخ‌ها و خانه‌های جهان زندگی کنی. پسر لقمان گفت: پدر ما یک خانواده بسیار فقیر هستیم چطور من می‌توانم این کارها را انجام دهم؟

لقمان جواب داد: اگر کمی دیرتر و کمتر غذا بخوری هر غذایی که می‌خوری طعم بهترین غذای جهان را می‌دهد. اگر بیشتر کار کنی و کمی دیرتر بخوابی در هر جا که خوابیده‌ای احساس می-کنی بهترین خوابگاه جهان است. و اگر با مردم دوستی کنی و در قلب آنها جای گیری، آنوقت بهترین خانه‌های جهان مال توست.

۶۴. زود قضاوت نکن

شخصی به دوستش گفت: به ۵۰۰ هزار تومن نیاز ضروری دارم. دوستش گفت: نیم ساعت صبر کن برایت می‌آورم. یک ساعت و نیم گذشت و دوست نیامد و هرچه با او تماس می‌گرفت موبایلش خاموش بود! احساس کرد دوستش نمی‌خواهد به او کمک کند. دو ساعت گذشت باز هم موبایل دوستش خاموش بود. به دوستش این جمله را نوشت: نترس! موبایلت رو روشن کن. با هرکسی دوست داری صحبت کن، من کمک تو را نمی‌خواهم! یک ساعت گذشت. دوستش تماس گرفت، بعد از احوال پرسی گفت:

صبر کن یک پیامک برایم آمده است. اجازه بده بخوانم. بعد از خواندن پیامک، به او گفت: من موبایلم رو به خاطر تو خاموش نکرده بودم. من رفته بودم موبایل رو بفروشم! تا با پولش به تو کمک کنم. من مقداری از پول موبایل را برداشتم و یک موبایل ارزان خریدم.

۶۵. ثروت کوروش

زمانی کزروس به کوروش بزرگ گفت: چرا از غنیمت‌های جنگی چیزی را برای خود بر نمی‌داری و همه را به سربازان می-بخشی. کوروش گفت: اگر غنیمت‌های جنگی را نمی‌بخشیدیم الان دارایی من چقدر بود؟

کزروس عددی را گفت. کوروش یکی از سربازانش را صدا زد و گفت برو به مردم بگو کوروش برای امری به مقداری پول و طلا نیاز دارد.

سرباز در بین مردم فریاد زد و سخن کوروش را به گوششان رسانید. مردم هرچه در توان داشتند برای کوروش فرستادند. وقتی که مال‌های جمع‌آوری شده را حساب کردند، از آنچه کزروس انتظار داشت بسیار بیشتر بود.

کوروش رو به کزروس کرد و گفت: ثروت من اینجاست. اگر آنها را پیش خود نگه داشته بودم، همیشه باید نگران آنها بودم.

۶۶. پاسخ فرمانروا

شیرین دختر رستم بود که بعد از مرگ همسر به پادشاهی رسید. او اولین پادشاه زن ایرانی بعد از ورود اسلام بود. او بر مازندران، گیلان، ری، همدان و اصفهان حکومت می‌کرد.

به او خبر دادند یک پیک از طرف محمود غزنوی آمده است. پادشاه محمود در نامه‌ی خود نوشته بود: باید برای من سکه بفرستی و اگر نفرستی باید آماده جنگ شوی. شیرین، به پیک محمود گفت: اگر خواست پادشاه شما را نپذیرم چه خواهد شد؟ پیک گفت: محمود غزنوی سرزمین شما را فتح خواهد کرد.

شیرین به پیک گفت: که پاسخ من را همین گونه که می‌گویم به پادشاه بگویید: در زمان شوهرم همیشه می‌ترسیدم که محمود با سپاهش بیاید و کشور ما را نابود کند ولی امروز ترسی ندارم. چون می‌بینم شخصی مانند محمود غزنوی که می‌گویند یک پادشاه باهوش و جوانمرد است با یک زن می‌خواهد بجنگد.

به او بگویید اگر سرزمینم مورد حمله قرار گیرد؛ من و سربازانم مقاومت خواهیم کرد و از سرزمینمان دفاع می‌کنیم. اگر محمود را شکست دهم، تاریخ خواهد نوشت که محمود غزنوی از یک شکست خورد. اگر کشته شوم باز تاریخ خواهد گفت محمود غزنوی زنی را کشت.

پاسخ هوشمندانه بانو شیرین، باعث شد که محمود تا پایان زندگی خویش از لشکرکشی به ری خودداری کند.

۶۷. عشق و هوس

شاگردی از استادش پرسید: هوس چست؟ استاد در جواب گفت: به یک زمین کشاورزی برو و پرخوشه‌ترین شاخه را بیاور. اما در هنگام عبور از زمین کشاورزی، به یاد داشته باش که نمی‌توانی به عقب برگردی تا خوشه‌ای بچینی.

شاگرد به زمین کشاورزی رفت و پس از مدتی طولانی برگشت. استاد پرسید: چه چیزی آوردی؟ شاگرد با حسرت جواب داد: هیچ، هرچه جلو می‌رفتم، خوشه‌های بهتری می‌دیدم و به امید پیداکردن بهترین تا آخر مزرعه رفتم.

استاد گفت: هوس یعنی همین!! شاگرد پرسید: پس عشق چیست؟ استاد گفت: به جنگل برو و بلندترین درخت را بیاور. اما به یاد داشته باش که باز هم نمی توانی به عقب برگردی.

شاگرد رفت و پس از مدت کوتاهی با یک درخت برگشت. استاد از شاگردش پرسید: این بار چه اتفاقی افتاد؟ شاگرد در جواب گفت: به جنگل رفتم و اولین درخت بلندی را که دیدم،

انتخاب کردم. ترسیدم که اگر جلو بروم، نتوانم چیزی پیدا کنم.

استاد گفت: عشق هم یعنی همین. این است فرق عشق و هوس.

۶۸. عقاب و کلاغ

عمر عقاب حدود ۳۰ سال است و عمر کلاغ حدود ۳۰۰ سال.
یک عقاب در بالای یک قله لانه داشت. عقاب به پایان عمرش
نزدیک شده بود، اما نمی خواست بمیرد. به یاد آورد که پدرش
از اجدادش شنیده بود: در پایین قله یک کلاغ لانه دارد. چهار
نسل از خانواده‌ی عقاب‌ها این کلاغ را دیده بودند، اما کلاغ هنوز
به نیمه عمر خود نیز نرسیده بود!

عقاب به کلاغ حسادت کرد. تصمیم گرفت به نزد کلاغ برود و
راز عمر طولانی وی را جستجو کند. بنابراین پرواز کرد و رفت.

وقتی عقاب پرواز کرد. پرندگان با حسرت و ترس به سمت
درختان فرار کردند. خرگوش‌ها و آهوها در داخل جنگل پناه
گرفتند. چوپان در حالی که مسیر حرکت عقاب را نگاه می‌کرد،
به سمت گله گوسفندان دوید. اما عقاب فکر دیگری داشت.

عقاب به لانه کلاغ رسید. کلاغ با وحشت و تعجب به او نگاه کرد. عقاب داستان را برای کلاغ گفت و از او خواست تا راز عمر طولانیش را برای وی فاش کند.

کلاغ گفت: این کار را خواهد کرد و به او یاد خواهد داد. پس باید عقاب از این پس با او زندگی کند. عقاب پذیرفت! اما زندگی کلاغ کاملا متفاوت با زندگی او بود.

عقاب که همیشه در اوج آسمان جا داشت و غذایش گوشت تازه و آب چشمه‌ها بود، دید که کلاغ چگونه دزدی می‌کند، چگونه تحقیر می‌شود و از آب لجن می‌نوشد. او در یک روز زندگی با کلاغ همه این ها را تجربه کرد.

در همان روز اول، عقاب زندگی خود را به یاد آورد و دانست که: زندگی و فرمانروایی کوتاه خود در اوج آسمان را هرگز با زندگی طولانی در بدبختی روی زمین عوض نخواهد کرد، حتی اگر عمرش فقط یک روز باشد. عمر کوتاه و با عزت بهتر از عمر طولانی با خفت است.

۶۹. دو کوزه

مردی هر روز دو کوزه بزرگ آب را به دو انتهای چوبی می‌
بست. چوب را روی شانه‌اش می‌گذاشت و برای خانه‌اش آب
می‌برد. یکی از کوزه‌ها کهنه‌تر بود و ترک‌های کوچکی داشت.
هر بار که مرد مسیر خانه‌اش را می‌پیمود نصف آب کوزه می‌-
ریخت.

مرد دو سال همین کار را می‌کرد. کوزه سالم و نو مغرور بود که
وظیفه‌ای را که به خاطر انجام آن خلق شده است را به طور کامل
انجام می دهد. اما کوزه کهنه ناراحت بود که فقط می تواند نصف
وظیفه‌اش را انجام دهد.

کوزه کهنه آنقدر ناراحت بود که یک روز وقتی مرد آماده می‌-
شد تا از چاه آب بکشد تصمیم گرفت با او حرف بزند: «از تو
معذرت می خواهم. تمام مدتی که از من استفاده کرده‌ای فقط از
نصف آب درون من استفاده کرده‌ای».

مرد خندید و گفت: «وقتی برمی‌گردیم با دقت به مسیر نگاه کن». هنگام برگشت کوزه متوجه شد که در یک سمت جاده گل ها و گیاهان زیبایی روییده‌اند.

مرد گفت: «می‌بینی که طبیعت در سمت تو چقدر زیباتر است؟ من همیشه می‌دانستم که تو ترک داری و تصمیم گرفتم از این موضوع استفاده کنم. این طرف جاده بذر سبزیجات و گل پخش کردم و تو هم همیشه و هر روز به آنها آب می‌دادی. به خانه‌ام گل برده‌ام و به بچه‌هایم کلم و کاهو داده‌ام. اگر تو ترک نداشتی چطور می توانستی این کار را بکنی؟»

۷۰. قضاوت نادرست

خانم جوانی در سالن انتظار فرودگاهی بزرگ منتظر اعلام برای سوار شدن به هواپیما بود. باید ساعات زیادی را برای سوار شدن به هواپیما سپری می‌کرد و تا پرواز هواپیما مدت زیادی مانده بود. تصمیم گرفت یک کتاب بخرد و با مطالعه این مدت را بگذراند. اون همین طور یک پاکت شیرینی هم خرید.

خانم نشست روی یک صندلی در قسمتی که مخصوص افراد مهم بود. آن جایی که پاکت شیرینی‌اش بود، یک آقا نشست روی صندلی کنارش و شروع کرد به خواندن یک مجله.

وقتی خانوم اولین شیرینی را از داخل پاکت برداشت، آقا هم یک دانه شیرینی برداشت. خانو عصبانی شد ولی چیزی نگفت.

هر یک دانه شیرینی که خانوم برمی‌داشت، آقا هم یکی بر می-داشت. خانم خیلی عصبانی شده بود ولی نمی‌خواست باعث دعوا بشود. وقتی فقط یک دانه شیرینی داخل پاکت مانده بود، خانم فکر کرد، که این آقا چه عکس‌العملی نشان می‌دهد.

آقا هم شیرینی آخر را برداشت، دو قسمت کرد و نصفش را داد خانم و نصف دیگر را خودش خورد.

خانم درحالیکه خیلی عصبانی بود بلند شد و کتابش را برداشت و رفت. وقتی نشست داخل هواپیما، ناگهان در کیفش دید پاکت شیرینی داخل کیفش است.

۷۱. دانشجو و استاد

یک دانشجو بعد از اینکه در درس منطق نمره نیاورد به استادش گفت: استاد، شما واقعا چیزی در مورد موضوع این درس می‌دانید؟ استاد جواب داد: بله حتما. در غیر اینصورت نمی‌توانستم یک استاد باشم.

دانشجو ادامه داد: بسیار خوب، من مایلم از شما یک سوال بپرسم. اگر جواب صحیح دادید من نمره‌ام را قبول می‌کنم در غیر اینصورت از شما می‌خواهم به من نمره کامل این درس را بدهید.

استاد قبول کرد و دانشجو پرسید: آن چیست که قانونی است ولی منطقی نیست، منطقی است ولی قانونی نیست، و نه قانونی است و نه منطقی؟ استاد پس از فکر کردن نتوانست جواب بدهد و مجبور شد نمره کامل درس را به آن دانشجو بدهد.

بعد از مدتی استاد با بهترین شاگردش تماس گرفت و همان سوال را پرسید. و شاگردش بلافاصله جواب داد: استاد شما ۶۳ سال دارید و با یک خانم که ۳۵ سال دارد ازدواج کردید. این

موضوع قانونی است ولی منطقی نیست. همسر شما یک معشوقه

۲۵ ساله دارد که منطقی است ولی قانونی نیست. و این حقیقت

که شما به معشوقه همسرتان نمره کامل دادید در صورتی که

باید در آن درس قبول نمی‌شد، نه قانونی است و نه منطقی!

۷۲. پیرمرد و کودکان

یک پیرمرد که بازنشسته شده بود، خانه جدیدی خرید. خانه در نزدیکی یک مدرسه بود. روزهای اول همه در آرامش پیش رفت. تا این که مدرسه‌ها باز شد.

در اولین روز مدرسه، پس از تعطیلی کلاس‌ها سه تا پسر بچه در خیابان راه افتادند و در حالی که بلند با هم حرف می‌زدند، هر چیزی که در خیابان افتاده بود را پرت میکردند و سروصدا می‌-کردند. این کار هر روز تکرار می‌شد و پیرمرد خیلی ناراحت بود. او تصمیم گرفت کاری بکند.

روز بعد که مدرسه تعطیل شد، دنبال بچه‌ها رفت و آنها را صدا کرد و به آنها گفت: «بچه‌ها شما خیلی خوب هستید و من از این که می‌بینم شما اینقدر شاداب هستید خیلی خوشحالم. من هم که به سن شما بودم همین کار را می‌کردم. من روزی هزار تومان به هر کدام از شما می‌دهم که بیایید اینجا و همین کارها را انجام دهید.»

بچه‌ها خوشحال شدند و به کارشان ادامه دادند. تا آن که چند روز بعد، پیرمرد دوباره به سمتشان رفت و گفت: ببینید بچه‌ها متأسفانه من نمی‌توانم روزی صد تومن بیشتر به شما بدهم.

بچه‌ها گفتند: «صد تومن؟ ما حاضر نیستیم به خاطر صد تومن این کار را انجام دهیم». و از آن به بعد پیرمرد با آرامش در خانه جدیدش به زندگی ادامه داد.

۷۳. دختر نابینا

چندین سال پیش، دختری نابینا زندگی می‌کرد. او به خاطر نابینا بودن از خودش متنفر بود. او از همه نفرت داشت به جز نامزدش. یک روز دختر به پسر گفت که اگر روزی بتواند دنیا را ببیند، آن روز، روز ازدواجشان خواهد بود.

تا این که سرانجام شخصی حاضر شد یک جفت چشم به دختر هدیه کند. آن گاه بود که توانست همه چیز را ببیند. پسر با خوشحالی از دختر پرسید: آیا زمان ازدواج ما فرا رسیده است؟ دختر وقتی که دید پسر نابیناست، ناراحت شد! بنابراین در پاسخ گفت: «متاسفم، نمی‌توانم با تو ازدواج کنم، چون تو نابینا هستی».

پسر در حالی که اشک می‌ریخت، سرش را پایین انداخت و از کنار دختر دور شد. بعد رو به سوی دختر کرد و گفت: «بسیار خوب، فقط از تو خواهش می‌کنم مراقب چشمان من باشی».

۷۴. مرد کم شنوا

یک روز مردی متوجه شد که گوش همسرش کم‌شنوا شده است. و او فکر می‌کرد همسرش باید سمعک بگذارد ولی نمی‌دانست این موضوع را چگونه به او بگوید. مرد نزد دکتر رفت و مشکل را به او گفت.

دکتر گفت تو باید یک آزمایش ساده انجام بدهی تا متوجه شویم که همسر شما تا چه اندازه شنوایی خود را از دست داده است. ابتدا در فاصله چهار متری او بایست و با صدای معمولی مطلبی را به او بگو. اگر نشنید همین کار را در فاصله سه متری تکرار کن. بعد در دو متری و به همین ترتیب تا بالاخره جواب دهد.

آن شب، همسر آن مرد در آشپزخانه بود و خود او در اتاق نشسته بود. مرد به خودش گفت الان فاصله ما حدود چهار متر است. سپس با صدای معمولی از همسرش پرسید: عزیزم شام چی داریم؟ جوابی نشنید. بعد بلند شد و یک متر جلوتر به سمت آشپزخانه رفت و دوباره پرسید: عزیزم شام چی داریم؟

باز هم پاسخی نشنید. باز هم جلوتر رفت جایی که دو متر با آشپزخانه و همسرش فاصله داشت گفت: عزیزم شام چی داریم؟ باز هم جوابی نشنید. باز هم جلوتر رفت و به در آشپزخانه رسید. سوالش را تکرار کرد و باز هم جوابی نشنید.

این بار جلوتر رفت و درست از پشت سر همسرش گفت: عزیزم شام چی

داریم؟ همسرش گفت: مگر نمیشنوی؟ برای پنجمین بار میگویم: خوراک

مرغ!

۷۵. آزمون عملکرد

پسر کوچکی به مغازه‌ای وارد شد. جعبه نوشابه را به سمت تلفن هل داد و بر روی جعبه رفت تا دستش به دکمه‌های تلفن برسد و شروع کرد به گرفتن شماره. فروشنده متوجه پسر بود و به صحبت‌های او گوش می‌کرد.

پسر پرسید: خانم، می‌توانم از شما خواهش کنم کوتاه کردن چمن‌های حیاط خانه‌تان را به من بدهید؟ زن پاسخ داد: کسی هست که این کار را برایم انجام می‌دهد!

پسر گفت: خانم، من این کار را با نصف قیمتی که او انجام می‌دهد، انجام خواهم داد. زن در جوابش گفت: از کار این فرد کاملا راضی هستم.

پسر بیشتر اصرار کرد و پیشنهاد داد: خانم، من پیاده رو جلوی خانه را هم جارو می‌کنم. اما زن پاسخش منفی بود.

پسر در حالی که لبخندی بر لب داشت، گوشی را گذاشت. فروشنده به سمت پسر رفت و گفت: به خاطر اینکه روحیه خوبی داری دوست دارم کاری به تو بدهم. پسر جواب داد: نه ممنون، من فقط داشتم عملکردم را می‌سنجیدم. من همان کسی هستم که برای این خانم کار می‌کند.

۷۶. تصادف

یک زن و مرد با ماشین در خیابان با هم تصادف کردند. به طوریکه ماشین هر دو به شدت آسیب دید. اما هر دو سالم از ماشین بیرون آمدند. خانم به آقا گفت: چه جالب شما مرد هستید! ببینید ماشین‌هایمان خراب شده ولی ما سالم هستیم! این باید نشانه‌ای از طرف خدا باشد که اینگونه با هم ملاقات کنیم. مرد پاسخ داد: با شما موافق هستم. این باید نشانه‌ای از طرف خدا باشد.

سپس خانم زیبا ادامه داد: ببینید یک معجزه دیگر! ماشین من کاملا از بین رفته است ولی این شیشه مشروب سالم هست. حتما خواست خدا هست تا ما با این مشروب آشنایی خودمان را جشن بگیریم.

خانم شیشه مشروب را به آقا داد. مرد درب بطری را باز کرد و نصف شیشه مشروب را نوشید و بطری را به خانم داد. زن درب بطری را بست و شیشه را به آقا برگرداند. مرد گفت: شما نمی‌نوشید؟ زن لبخند زد و پاسخ داد: نه، فکر می‌کنم بهتر هست منتظر پلیس باشیم.

۷۷. کوروش و خلاف‌کار

کوروش و سربازانش بعد از پیروزی در جنگ در نزدیکی یک شهر اردو زدند. همه سربازان از پیروزی خیلی خوشحال بودند. در همان لحظه پیرزن و پسر جوانی به اردوگاه نزدیک شدند. آنها نزد پادشاه رفتند و از کارمندان مالیات شکایت کردند.

پس از تحقیق مشخص شد آن کارمند هر سال بیش از آنچه دولت در نظر گرفته بود از مردم مالیات می‌گرفته است. آن شب کورش پادشاه ایران در همان اردوگاه سرپرست خزانه مالیات و دارایی را از کار اخراج کرد.

پس از اخراج مدیر خزانه سه نفر از سرپرستان و اشراف کشور نزد پادشاه ایران آمدند تا او را از تصمیمی که گرفته است، منصرف کنند. پادشاه نه تنها سرپرست خرانه را اخراج کرد بلکه آن سه نفر را هم اخراج کرد.

۷۸. نامه عاشق

دختر جوانی عاشق خود را به خانه دعوت کرد و کنار خود نشاند. عاشق تعداد زیادی نامه که قبلاً در زمان دوری برای دختر جوان نوشته بود را از جیب خود بیرون آورد و شروع به خواندن کرد.

نامه‌های عاشق پر بود از ناله، آنقدر نامه خواند تا معشوق گفت: این نامه‌ها را برای چه کسی نوشته‌ای؟ عاشق گفت: برای تو! معشوق گفت: من که کنار تو نشسته‌ام و آماده‌ام تو می‌توانی در کنار من لذت ببری. این کار تو در این لحظه فقط تباه کردن عمر و از دست دادن وقت است.

عاشق جواب داد: بله می‌دانم من هم اکنون در کنار تو نشسته‌ام اما نمی‌دانم چرا آن لذتی که از یاد تو در دوری و جدایی احساس می‌کردم اکنون که در کنار تو هستم چنین احساسی ندارم؟ معشوق گفت: علت آن این است که تو عاشق حالت‌های خودت هستی نه عاشق من. برای تو من مثل خانهٔ معشوق هستم نه خود معشوق.

۷۹. صدای آب

آب در یک گودال عمیق در جریان بود و یک مرد تشنه از درخت گردو

بالا رفت و درخت را تکان داد. گردوها در آب می‌افتادند و همراه صدای

زیبای آب حباب روی آب پدید می‌آمد. مرد تشنه از شنیدن صدا و دیدن

حباب لذت می‌برد. مردی که تصور می‌کرد بسیار دانا است از آنجا

می‌گذشت، به مرد تشنه گفت: چه کار می‌کنی؟ مرد گفت: تشنهٔ صدای آب

هستم.

مرد دانا گفت: اول اینکه گردو گرم است و باعث می‌شود تشنه شوی. دوم،

گردوها درگودال آب می‌ریزد و تو دستت به گردوها نمی‌رسد. تا تو از

درخت پایین بیایی آب گردوها را می‌برد.

مرد تشنه گفت: من نمی‌خواهم گردو جمع کنم. من از صدای آب و زیبایی

حباب‌ها لذت می‌برم. مرد تشنه در این جهان چه کاری دارد؟ جز اینکه

دائم دور حوض آب بچرخد.

۸۰. شاهزاده

پادشاهی پسر جوان و هنرمندی داشت. یک شب در خواب دید که پسرش مرده است. وحشت‌زده از خواب بیدار شد. وقتی که دید این حادثه در خواب اتفاق افتاده است، خیلی خوشحال شد.

پادشاه فکر کرد که اگر روزی پسرش بمیرد از او هیچ یادگاری ندارد. بنابراین تصمیم گرفت برای پسرش زن بگیرد تا از او نوه‌ای داشته باشد. پادشاه بعد از جستجو دختری زیبا از یک خانواده خوب پیدا کرد. اما خانواده دختر فقیر بودند. همسر پادشاه با این ازدواج مخالفت کرد. اما با اصرار زیاد پادشاه دختر با شاهزاده ازدواج کرد.

در همین زمان یک زن جادوگر عاشق شاهزاده شد. جادوگر حال شاهزاده را تغییر داد تا اینکه شاهزاده همسر زیبای خود را رها کرد و عاشق زن جادوگر شد.

جادوگر، یک پیرزن نود ساله بود. او بسیار زشت و بدبو بود. شاه خیلی نارحت بود. پادشاه از پزشکان زیادی کمک گرفت، ولی آنها نتوانستند

کاری انجام دهند. یکسال شاهزاده عاشق جادوگر بود. شاه مطمئن بود که رازی در این کار وجود دارد. او از خدا خواست که به پسرش کمک کند تا از زن جادوگر نجات پیدا کند.

ناگهان مردی که تمام اسرار جادو را می‌دانست، نزد پادشاه آمد. پادشاه به او گفت: ای مرد به من کمک کن. مرد گفت: نگران نباش، من برای همین کار به اینجا آمده‌ام. هرچه می‌گویم خوب گوش کن! و انجام بده.

فردا صبح به قبرستان برو. در کنار دیوار قبر سفیدی هست. آن قبر را با بیل و کلنگ باز کن، تا به یک ریسمان برسی. آن ریسمان گره‌های زیادی دارد. گره‌ها را باز کن و به سرعت از آنجا برگرد.

فردا صبح زود پادشاه طبق دستور همهٔ کارها را انجام داد. بعداز اینکه گره‌ها باز شد شاهزاده هم از دام زن جادوگر نجات پیدا کرد و به کاخ پدر بازگشت. شاه دستور داد چند روز در سراسر کشور جشن گرفتند. شاهزاده زندگی جدیدی را با همسر زیبایش آغاز کرد و زن جادو نیز از غصه مرد.

۸۱. چهار همسر

در گذشته پادشاهی بود که چهار همسر داشت. او همسر چهارم خود را
بسیار دوست داشت و برای او گرانبهاترین لباس‌ها را می‌گرفت. همسر
چهارم از هرچیزی بهترین را داشت. پادشاه همچنین همسر سوم خود را
نیز بسیار دوست داشت. او را کنار خود قرار می‌داد. اما همیشه می‌ترسید
که این همسر او را به خاطر دیگری رها کند.

پادشاه به همسر دوم هم علاقه داشت. او محرم اسرار شاه بود و همیشه با
پادشاه مهربان بود. هرگاه پادشاه با مشکلی روبرو می‌شد، نزد همسر دوم
می‌رفت. همسر اول پادشاه بسیار وفادار بود و در حفظ و نگهداری حکومت
پادشاه تلاش می‌کرد. اما پادشاه این همسر را دوست نداشت و به سختی
به او توجه می کرد. اما این همسر، شاه را خیلی دوست داشت.

یک روز شاه بیمار شد و می‌دانست که فاصله زیادی با مرگ ندارد.
بنابراین نزد همسر چهارم که او را خیلی دوست داشت رفت و گفت: من تو
را بسیار دوست داشتم، بهترین لباس‌ها را برای تو گرفتم، بیشترین توجه
را به تو کردم. اکنون که من دارم می‌میرم آیا تو مرا همراهی خواهی کرد؟
همسر چهارم پاسخ داد نه هرگز و از آنجا دور شد. این پاسخ قلب پادشاه
را شکست.

پادشاه غمگین و ناراحت از همسر سوم خود نیز همان سوال را پرسید. و همسر سوم نیز پاسخ منفی داد. پادشاه ناامید به سراغ هسمر دوم خود رفت و از هم سوال کرد. همسر دوم نیز پاسخ منفی داد.

ناگهان پادشاه صدایی شنید که می‌گفت: من با تو خواهم بود و تو را همراهی خواهم کرد. وقتی پادشاه دقت کرد متوجه شد او همسر اول است. همسر اولش بسیار لاغر شده بود. پادشاه با ناراحتی و پشیمانی به او گفت: من هنگامی که فرصت داشتم از تو مراقبت نکردم.

در حقیقت همه ما دارای چهار همسر در زندگی هستیم. همسر چهارم ما، همان جسم ما است. همسر سوم، دارایی‌ها و سرمایه‌های ما هستند. زمانی که ما می‌میریم آنها نصیب دیگران می‌شوند. همسر دوم، خانواده و دوستانمان هستند. اما همسر اول، روح ما است. روح ما را همیشه همراهی می‌کند، اما ما به او توجهی نمی‌کنیم.

۸۲. ثروت واقعی

یک مرد خسیس تمام دارایی‌اش را فروخت و طلا خرید. او طلاها را در گودالی در حیاط خانه‌اش پنهان کرد. او هر روز به طلاها سر می‌زد و آنها را نگاه می‌کرد. یکی از همسایه‌ها که متوجه رفتار مرد شده بود مخفیانه طلاها را دزدید.

روز بعد مرد خسیس به گودال سر زد، اما طلاهایش آنجا نبود. او شروع به گریه کرد. رهگذری او را دید و پرسید: چه اتفاقی افتاده است؟ مرد حکایت طلاها را به او گفت.

رهگذر گفت: ناراحت نباش. سنگی در گودال بگذار و فکر کن که طلا است. تو که از آنها استفاده نمی‌کنی. سنگ و طلا چه فرقی برایت دارد؟ ارزش هر چیزی در داشتن آن نیست، بلکه در استفاده از آن است. اگر خداوند به به شما ثروت داده است و شرایط مناسبی دارید، پس به فکر دیگران نیز باشید. با ثروت خود به دیگران کمک کنید و آنها را شاد کنید. ثروت واقعی تعداد قلبهایی است که در زندگی شاد کرده‌اید.

۸۳. فروشنده و مرد فقیر

یک مرد فقیر از کنار رستورانی می‌گذشت. فروشنده گوشت‌ها را به روی آتش گذاشته بود. بوی خوش گوشت در فضا پراکنده شده بود.

مرد فقیر چون گرسنه بود و پولی هم نداشت تا گوشت کباب شده بخرد، یک تکه نان خشک را که در کیفش بیرون آورد و بر روی دود کباب گرفت به دهان گذاشت.

او به همین ترتیب چند تکه نان خشک خورد و سپس راه افتاد تا از آنجا برود ولی فروشنده به سرعت از رستوران خارج شد و دست او را گرفت و گفت: کجا می‌روی پول دود گوشتی را که خورده‌ای بده.

ملا که از آنجا می‌گذشت جریان را دید و متوجه شد که مرد فقیر التماس می‌کند و تقاضا می‌کند که فروشنده او را رها کند. ولی فروشنده می‌خواست پول دودی را که او خورده است، بگیرد.

ملا جلو رفت و به فروشنده گفت: این مرد را آزاد کن تا برود من پول دود گوشت را که او خورده است، می‌دهم. فروشنده قبول کرد و مرد فقیر را رها کرد.

ملا پس از رفتن فقیر چند سکه از جیبش بیرون آورد و در حالیکه آنها را به روی زمین می‌انداخت به مرد فروشنده گفت: بیا این هم صدای پول

دودی که آن مرد خورده است. فروشنده با تعجب به ملا نگاه کرد و گفت:
این چیست؟ ملا گفت: کسی که دود کباب و بوی آن را بفروشد باید به
جای پول صدای آن را تحویل بگیرد.

۸۴. قهوه تلخ

چند جوان که در دانشگاه باهم دوست شده بودند، بعد از فارغ‌التحصیل شدن شغل‌های مختلفی داشتند. آنها در کار و زندگی خود نیز موفق بودند.

پس از مدت‌ها با هم به دانشگاه رفتند تا با استادشان ملاقات کنند. آنها مشغول صحبت شده بودند و بیشتر حرف‌هایشان هم شکایت از زندگی بود. استادشان در میان صحبت آنها قهوه آماده می‌کرد.

استاد قهوه جوش را روی میز گذاشت و از دانشجوها خواست که برای خود قهوه بریزند. روی میز لیوان‌های متفاوتی قرار داشت. شیشه‌ای، پلاستیکی، چینی و لیوان‌های دیگر.

وقتی همه دانشجوها قهوه‌هایشان را ریخته بودند و هر یک لیوانی در دست داشتند، استاد مثل همیشه آرام و با مهربانی گفت: بچه‌ها ببینید، همه شما لیوان‌های ظریف و زیبا را انتخاب کردید و فقط لیوان‌های ارزان قیمت روی میز مانده‌اند.

دانشجوها که از حرف‌های استاد شگفت زده شده بودند، ساکت بودند و استاد حرف‌هایش را ادامه داد: در حقیقت، چیزی که شما واقعا می‌خواستید قهوه بود و نه لیوان. اما لیوان‌های زیبا را انتخاب کردید و همچنین نگاه‌تان به لیوان‌های دیگران هم بود.

زندگی هم مانند قهوه است و شغل و حقوق ظرف آن است. این ظرف‌ها زندگی را تزیین می‌کنند، اما کیفیت آن را تغییر نخواهند داد. بنابراین، تلاش کنید نگاه‌تان را از لیوان بردارید و در حالیکه چشم‌هایتان را بسته-‌اید، از نوشیدن قهوه لذت ببرید.

۸۵. زن زیبا

پسر جوان و خوش قیافه‌ای بود که فکر می‌کرد باید با زیباترین دختر جهان ازدواج کند. او فکر می‌کرد به این ترتیب بچه‌هایش زیباترین بچه‌های روی زمین می‌شوند.

پسر مدتی با این فکر در جستجوی همسر زیبای برای خود بود. بعد از مدتی پسر با پیرمردی آشنا شد که سه دختر باهوش و زیبا داشت. پسر از پیرمرد درخواست کرد که با یکی از دخترانش آشنا شود.

پیرمرد جواب داد: هیچ یک از دختران من ازدواج نکرده‌اند و با هر کدام که می‌خواهی آشنا شو. پسر خوشحال شد. دختر بزرگ پیرمرد را پسندید و با هم آشنا شدند. چند هفته بعد، پسر پیش پیرمرد رفت و گفت: دخترتان خیلی زیبا است. اما یک ایراد کوچک دارد. دخترتان کمی چاق است.

پیرمرد حرف پسر را تایید کرد و آشنایی با دختر دومش را به پسر پیشنهاد داد. پسر با دختر دوم پیرمرد آشنا شد و زود با یکدیگر قرار ملاقات گذاشتند. اما چند هفته بعد پسر دوباره پیش پیرمرد رفت و گفت: دختر شما خیلی خوب است. اما به نظر من یک ایراد کوچک دارد. دخترتان کمی نابینا است.

پیرمرد حرف او را تایید کرد و آشنایی با دختر سومش را به پسر پیشنهاد کرد. یک هفته بعد پسر پیش پیرمرد رفت و با هیجان گفت: دختر شما بسیار زیبا است و ایرادی ندارد. او همان کسی است که دنبالش می‌گشتم. اگر اجازه دهید با دختر سوم ازدواج کنم! مدتی بعد پسر با دختر سوم پیرمرد ازدواج کرد.

چند ماه بعد همسرش دختری به دنیا آورد. اما وقتی که پسر صورت بچه را دید، ترسید. این زشت‌ترین بچه‌ای بود که وجود داشت. پسر بسیار غمگین شد و نزد پدر همسرش رفت و گفت: چرا با این که هر دوی ما این قدر زیبا هستیم، ولی بچه ما زشت است؟ پیرمرد جواب داد: دختر سوم من قبلا دختر بسیار خوبی بود. اما او هم یک عیب کوچک داشت. او قبل از آشنا شدن با تو حامله بود!!!

۸۶. صداقت

در گذشته پادشاهی پیر بود که دو پسرش را در جنگ از دست داده بود. تصمیم گرفت برای خود جانشین انتخاب کند.

پادشاه تمام جوانان شهر را جمع کرد و به هر کدام دانه‌ی گیاهی داد و از آنها خواست، دانه را در یک گلدان بکارند و گیاه رشد کرده را در روز مشخصی برای او بیاورند.

پینک یکی از آن جوان ها بود و تصمیم داشت برای پادشاه شدن تلاش کند. بنابراین سعی کرد تا دانه را پرورش دهد ولی موفق نشد. به این فکر افتاد که دانه را در آب و هوای دیگری پرورش دهد، به همین دلیل به کوهستان رفت و خاک آنجا را هم آزمایش کرد ولی موفق نشد.

پینک حتی با کشاورزان دهکده‌های اطراف شهر مشورت کرد ولی همه این کارها بی‌فایده بود و نتوانست گیاه را پرورش دهد.

بالاخره روز موعود فرا رسید. همه جوان ها در قصر پادشاه جمع شده و گیاه کوچک خودشان را در گلدان برای پادشاه آورده بودند. پادشاه به همه گلدان‌ها نگاه کرد. وقتی نوبت به پینک رسید، پادشاه از او پرسید: پس گیاه تو کجاست؟ پینک ماجرا را برای پادشاه تعریف کرد.

در این هنگام پادشاه دست پینک را بالا برد و او را جانشین خود اعلام کرد. همه جوانان اعتراض کردند. پادشاه روی تخت نشست و گفت: این جوان صادق‌ترین جوان شهر است. دانه های گیاه هرگز رشد نمی‌کردند و آنها خراب بودند.

۸۷. انعکاس صدا

پدر و پسری در کوه قدم می‌زدند که ناگهان پای پسر به سنگی برخورد کرد و به زمین افتاد. پدر فریاد زد: «آی» صدایی از دور آمد: «آی»

پسر با کنجکاوی فریاد زد: «که هستی؟» پاسخ شنید: «که هستی؟» پسر عصبانی شد و فریاد زد: «ترسو!» دوباره پاسخ شنید: «ترسو!» پسر با تعجب از پدر پرسید: «چه خبر است؟»

پدر لبخندی زد و گفت: «پسرم! توجه کن» و بعد با صدای بلند فریاد زد: «تو یک قهرمان هستی!» صدا پاسخ داد: «تو یک قهرمان هستی!»

پسر بیشتر تعجب کرد پدرش توضیح داد: مردم می‌گویند این انعکاس کوه است ولی در حقیقت انعکاس زندگی است. هر چیزی که بگویی یا انجام دهی، زندگی دقیقا همان را به تو جواب می‌دهد.

اگر عشق را بخواهی، عشق بیشتری در قلب تو به وجود می‌آید و اگر به دنبال موفقیت باشی، آن را حتما بدست خواهی آورد. هر چیزی را که بخواهی و هر گونه که به دنیا و آدم‌ها نگاه کنی، زندگی همان را به تو خواهد داد.

۸۸. دزد

مردی در یک باغ، درخت خرما را با شدت تکان می‌داد و خرماها بر زمین می‌ریخت.

صاحب باغ آمد و گفت: ای مرد احمق! چرا این کار را می‌کنی؟ دزد گفت: چه مشکلی هست؟ من دارم از باغ خدا خرما می-خورم. این باغ نعمت خدا است.

صاحب باغ به خدمتکارش گفت: آن طناب را بیاور تا جواب این مرد را بدهم. آنگاه دزد را گرفتند و محکم به درخت بستند و با چوب بر ساق پا و پشت او می‌زدند. دزد فریاد زد: از خدا بترس. چرا می‌زنی؟ مرا می‌کشی.

صاحب باغ گفت: من با چوب خدا در باغ خدا به بنده خدا می-زنم. این کار خدا است و من تقصیری ندارم. دزد که به جبر اعتقاد داشت، گفت: حق با شما است تقصیر از من بود دیگر من را نزنید.

۸۹. گوشت و گربه

در گذشته یک مردی زنی فریبکار و حیله‌گر داشت. مرد هر چیزی که می‌خرید و به خانه می‌آورد، زن آن را می‌خورد یا خراب می‌کرد.

یک روز که مهمان داشتند مرد دو کیلو گوشت خرید و به خانه آورد. زن پنهانی گوشت‌ها را کباب کرد و با شراب خورد. مهمانان آمدند. مرد به زن گفت: گوشت‌ها را کباب کن و برای مهمان‌ها بیاور. زن گفت: گوشت را گربه خورد. برو و دوباره بخر. مرد به خدمتکارش گفت: برو ترازو را بیاور تا گربه را وزن کنم و ببینم وزنش چقدر است. گربه را وزن کرد. گربه دو کیلو بود. مرد به زن گفت: خانم! گوشت‌ها دو کیلو بود گربه هم دو کیلو است. اگر این گربه است پس گوشت‌ها کجا است؟ اگر این گوشت است پس گربه کجاست؟

۹۰. اسکناس

یک سخنران معروف در یک مجلس که دویست نفر در آن حضور داشتند، یک اسکناس هزار تومانی را از جیبش بیرون آورد و پرسید: چه کسی مایل است این اسکناس را داشته باشد؟ دست همه حاضرین بالا رفت.

سخنران گفت: بسیار خوب، من این اسکناس را به یکی از شما خواهم داد ولی قبل از آن می خواهم کاری انجام دهم. و سپس اسکناس را مچاله کرد و پرسید: چه کسی هنوز مایل است این اسکناس را داشته باشد؟ و باز هم دست‌های حاضرین بالا رفت.

این بار مرد، اسکناس مچاله شده را به زمین انداخت و چند بار آن را لگد مال کرد و با کفش خود آن را روی زمین کشید. بعد اسکناس را برداشت و پرسید: خوب، حالا چه کسی حاضر است صاحب این اسکناس شود؟ و باز دست همه بالا رفت.

سخنران گفت: دوستان، با این کارهایی که من با اسکناس کردم، از ارزش اسکناس چیزی کم نشد و همه شما آن را می‌خواهید و ادامه داد: در زندگی واقعی هم همین طور است، ما در

بسیاری موارد با تصمیماتی که می‌گیریم یا با مشکلاتی که روبرو می‌شویم، خم می‌شویم، مچاله می‌شویم، خاک آلود می‌شویم و احساس می‌کنیم که دیگر ارزش نداریم. ولی اینطور نیست. هرگز ارزش خود را از دست نمی‌دهیم و هنوز هم برای افرادی که دوستمان دارند، آدم با ارزشی هستیم.

۹۱. قاضی

یک روز دو پیرمرد برای شکایت نزد قاضی رفتند. یکی از آنها قدبلند و قوی بود و دیگری قد خمیده داشت و ضعیف بود.

اولی گفت: به مقدار ده قطعه طلا به این شخص قرض دادم و اکنون توانایی ادا کردن بدهی‌اش را دارد ولی آن را به تاخیر می‌اندازد و می‌گوید فکر می‌کنم طلب تو را داده‌ام. قاضی! از شما تقاضا دارم از او بخواهید سوگند بخورد که بدهی من را داده است یا خیر. دومی گفت: من اعتراف می‌کنم که ده قطعه طلا از او قرض کرده‌ام ولی بدهی خود را داده‌ام. من برای سوگند خوردن آماده هستم.

قاضی گفت: دست راست خود را بلند کن و قسم بخور. پیرمرد عصای خود را به مرد طلبکار داد و سوگند خورد. قاضی به طلبکار گفت: اکنون چه می‌گویی؟ او در جواب گفت: شاید من فراموش کرده باشم. امیدوارم حقیقت آشکار شود.

قاضی به آن دو نفر گفت می‌توانند بروند. پیرمرد عصای خود را از دیگری گرفت. قاضی دوباره هر دو را صدا زد و عصا را گرفت. او عصا را تراشید و ناگهان دید ده قطعه طلا در آن قرار دارد.

۹۲. ارزش اشک

مردی یک سگ داشت که در حال مردن بود. او در کنار جاده‌ای نشسته بود و برای سگ خود گریه می‌کرد. گدایی از آنجا می‌گذشت، از مرد پرسید: چرا گریه می‌کنی؟ مرد گفت: این سگ وفادار من، پیش چشمم جان می‌دهد. این سگ روزها برایم شکار می‌کرد و شب‌ها نگهبان من بود و دزدان را فراری می‌داد.

گدا پرسید: بیماری سگ چیست؟ آیا زخم دارد؟ مرد گفت: نه از گرسنگی می‌میرد. گدا یک کیسه پر در دست مرد دید و پرسید: در این کیسه چه چیزی داری؟ مرد گفت: نان و غذا برای خوردن. گدا گفت: چرا به سگ نمی‌دهی تا از مرگ نجات پیدا کند؟

مرد گفت: نان‌ها را از سگم بیشتر دوست دارم. برای نان و غذا باید پول بدهم، ولی اشک رایگان است. برای سگم هرچه بخواهد گریه می‌کنم. گدا گفت: ارزش اشک از نان بیشتر است. نان از خاک است ولی اشک از خون دل.

۹۳. دختر کشاورز

یک کشاورز باید پول زیادی را که از یک مرد قرض گرفته بود، پس می داد. کشاورز دختر زیبایی داشت که خیلی ها آرزوی ازدواج با او را داشتند. وقتی مرد متوجه شد کشاورز نمیتواند پول او را بازگرداند، پیشهاد یک معامله کرد و گفت اگر با دخترش ازدواج کند بدهی او را می بخشد.

دختر از شنیدن این حرف نگران شد. مرد گفت: بیایید یک کاری انجام دهیم، من یک سنگ سفید و یک سنگ سیاه در داخل کیسه‌ای می‌گذارم. دختر شما باید با چشمان بسته یکی از این دو را بیرون بیاورد. اگر سنگ سیاه را بیرون آورد باید همسر من بشود و بدهی بخشیده می شود و اگر سنگ سفید را بیرون آورد، لازم نیست که با من ازدواج کند و بدهی نیز بخشیده می شود. اما اگر او حاضر به انجام این کار نشود باید پدر به زندان برود.

مرد خم شد و دو سنگ کوچک برداشت. دختر متوجه شد او دو سنگ سیاه از زمین برداشت و داخل کیسه انداخت. ولی چیزی نگفت !

سپس مرد از دختر خواست که یکی از آنها را از کیسه بیرون بیاورد. دختر دست خود را به داخل کیسه برد و یکی از آن دو سنگ را برداشت اما وانمود کرد که سنگ از دستش افتاده است. پیدا کردن آن سنگ کوچک در زمینی پر از سنگ بود کار سختی بود.

دختر گفت: اگر سنگی که داخل کیسه است دربیاوریم معلوم می شود سنگی که از دست من افتاد چه رنگی بوده است. چون سنگی که در کیسه بود سیاه بود، پس باید آن سنگ سفید باشد. آن مرد مجبور شد شرط را قبول کند و بدهی کشاورز را ببخشد.

۹۴. انسان دانا

یک مرد در زیر باران در روستایی قدم می‌زد. در حالیکه زیر باران قدم می‌زد، خانه ای دید که در آتش می‌سوخت و مردی را دید که میان شعله‌های آتش در خانه نشسته بود.

مرد مسافر فریاد زد: آقا خانه‌ات آتش گرفته است! مرد جواب داد: می‌دانم.

مرد مسافر که بسیار تعجب کرده بود گفت: پس چرا بیرون نمی‌آیی؟

مرد گفت: بیرون باران می‌آید. مادرم همیشه می‌گفت اگر زیر باران بروی، مریض می‌شوی.

انسان دانا کسی است که وقتی مجبور شود بتواند موقعیت خود را تغییر دهد.

۹۵. عشق واقعی

خانواده بسیار فقیری بودند که در یک مزرعه و یک کلبه کوچک زندگی می‌کردند. کلبه آنها نه اتاقی داشت و نه اثاثیه. آنها فقط به اندازه خوراک از مزرعه پول بدست می‌آوردند. اما یک سال کمی بیشتر محصول از مزرعه بدست آمد.

زن یک مجله تبلیغات را از کمد بیرون آورد و ورق زد. وقتیکه صفحات آنرا ورق می‌زد افراد خانواده هم اطرافش جمع شدند. زن آینه‌ی بسیار زیبایی دید و فکر کرد که از همه چیز بهتر است. چون آنها هرگز آینه نداشتند. زن آن را سفارش داد. یک هفته بعد وقتی در مزرعه مشغول کار بودند مردی سوار بر اسب از راه رسید. او بسته‌ای در دست داشت.

زن اولین کسی بود که بسته را باز کرد و خود را در آینه دید و فریاد زد: مرد، تو همیشه می‌گفتی من زیبا هستم، من واقعا زیبا هستم! مرد آینه را گرفت و در آن نگاه کرد لبخندی زد و گفت: تو همیشه می‌گفتی که من خشن هستم ولی من جذاب هستم.

دخترشان نیز در آینه نگاه کرد و گفت: مامان، چشم‌های من شبیه تو است. پسرشان هم در آیینه نگاه کرد و فریاد زد: من زشت هستم! پسر به پدرش گفت: پدر، آیا من همیشه همین شکل بودم؟ بله پسرم، همیشه. پسر گفت: تو مرا دوست داری؟ پدر گفت: بله پسرم، دوستت دارم! پسر گفت: چرا؟ پدر گفت: چون مال من هستی!!!

۹۶. آرامش

پادشاهی جایزه بزرگی برای هنرمندی گذاشت که بتواند به بهترین شکل، آرامش را نقاشی کند. نقاشان بسیاری آثار خود را به قصر فرستادند. آن نقاشی‌ها، تصاویری بودند از خورشید در هنگام غروب، رودهای آرام، رنگین کمان در آسمان و ...

پادشاه تمام تابلو ها را بررسی کرد، اما سرانجام فقط دو اثر را انتخاب کرد. اولی، تصویر دریاچه‌ی آرامی بود که کوه‌های بزرگ و آسمان آبی را در خود نشان می‌داد. و در گوشه‌ی چپ دریاچه، خانه‌ی کوچکی قرار داشت. پنجره خانه باز بود. دود از دودکش آن برمی‌خواست.

تصویر دوم هم کوه‌ها را نشان می‌داد. اما کوه‌ها ناهموار بودند، آسمان بالای کوه‌ها تاریک بود، و ابرها تیره بودند. این تابلو با تابلوهای دیگری که برای مسابقه فرستاده بودند، فرق داشت. اما وقتی آدم با دقت به تابلو نگاه می‌کرد، در میان صخره ها، پرنده‌ای را می‌دید که در میان طوفان، آرام نشسته بود.

پادشاه همه را جمع کرد و اعلام کرد که برنده ی جایزه ی بهترین تصویر آرامش، تابلو دوم است. بعد توضیح داد: آرامش چیزی نیست که در مکانی بی سر و صدا، بی مشکل و بدون کار سخت پیدا شود. بلکه آرامش این است که هنگامی‌که شرایط سخت است، آرامش داشته باشیم.

۹۷. عشق مادر

در یک روز گرم تابستان، پسر کوچکی با عجله لباسهایش را بیرون آورد و به داخل دریاچه رفت. مادرش از پنجره به او نگاه می‌کرد. مادر ناگهان تمساحی را دید که به سمت پسرش شنا می‌کرد. مادر با عجله به سمت دریاچه دوید و با فریاد پسرش را صدا زد. ولی دیر شده بود.

تمساح پاهای کودک را گرفت، مادر هم رسید و بازوی پسرش را گرفت. تمساح پسر را با قدرت می‌کشید ولی عشق مادر آنقدر زیاد بود که اجازه نمی‌داد پسر را با خود ببرد. در همان لحظه کشاورزی از آنها را دید و به کمک آنها رفت. و با چوبی که داشت تمساح را دور کرد.

پسر را به بیمارستان بردند. روی پاهای پسر جای دندان‌های تمساح بود و روی بازویش جای ناخن‌های مادرش. خبرنگاری که با کودک مصاحبه می‌کرد از او خواست تا جای زخم‌هایش را به او نشان دهد. پسر پاهایش را نشان داد و با ناراحتی گفت: این جای دندان تمساح است. سپس با غرور بازوهایش را نشان

۱۵۸

داد و گفت: اما این زخم ها را دوست دارم، این زخم‌ها عشق

مادرم است.

۹۸. پاکت میوه

یک پادشاه سه وزیر داشت. یک روز از آنها خواست تا کار عجیبی انجام دهند. از آنها خواست تا پاکتی را بردارند و به باغ قصر بروند و آن را با میوه‌های تازه پر کنند. همچنین از آنها خواست برای این کار از هیچ کس کمک نگیرند.

وزیرها به سمت باغ رفتند. وزیر اول که به دنبال راضی کردن شاه بود بهترین میوه‌ها و با کیفیت‌ترین محصولات را جمع-آوری کرد. وزیر دوم با خود فکر کرد که شاه این میوه‌ها را برای خود نمی‌خواهد و نیازی به آنها ندارد و درون پاکت را نیز نگاه نمی‌کند. او میوه‌های خوب و بد را از هم جدا نمی‌کرد. وزیر سوم که اعتقاد داشت شاه به این میوه‌ها اهمیت نمی‌دهد. پاکت را با علف و برگ درخت پر کرد.

روز بعد پادشاه دستور داد که وزیران را بیاورند. وقتی وزیران آمدند، پادشاه به سربازانش دستور داد سه وزیر را گرفته و هرکدام را با پاکت میوه‌اش به مدت سه ماه زندانی کنند!!!

۱۶۰

۹۹. عشق، ثروت و موفقیت

زنی از خانه بیرون آمد و سه پیرمرد را با چهره‌های زیبا جلوی خانه دید. به آنها گفت: من شما را نمی‌شناسم ولی فکر می‌کنم گرسنه باشید، بفرمایید داخل خانه تا چیزی برای خوردن به شما بدهم. آنها پرسیدند: آیا شوهرتان خانه است؟ زن گفت: نه، او برای کار، بیرون از خانه رفته است. آنها گفتند: پس ما نمی‌-توانیم وارد شویم، منتظر می‌مانیم تا همسر شما به خانه بازگردد.

عصر وقتی شوهر به خانه بازگشت، زن ماجرا را برای او تعریف کرد. شوهرش به او گفت: برو به آنها بگو شوهرم آمده است. زن بیرون رفت و آنها را به خانه دعوت کرد. آنها گفتند: ما باز هم داخل خانه نمی‌آییم.

زن با تعجب پرسید: چرا!!؟ یکی از پیرمردها به دیگری اشاره کرد و گفت: نام او ثروت است. و به پیرمرد دیگر اشاره کرد و گفت: نام او موفقیت است. و نام من عشق است، حالا انتخاب کنید که کدام یک از ما وارد خانه شما شویم.

زن نزد شوهرش برگشت و ماجرا را تعریف کرد. شوهـر گفت: چه خوب، ثـروت را دعوت کنیم تا خانه پر از ثروت شود! ولی همسرش مخالفت کرد و گفت: چرا موفقیت را دعوت نکنیم؟

فرزند خانه که سخنان آنها را می شنید، پیشنهاد کرد: عشق را دعوت کنیم تا خانه پر از عشق و محبت شود. مرد و زن هر دو موافقت کردند. زن بیرون رفت و گفت: کدام یک از شما عشق است؟ او مهمان ماست.

عشق بلند شد و ثروت و موفقیت هم بلند شدند و دنبال او راه افتادند. زن با تعجب پرسید: شما چرا می‌آیید؟ پیرمردها با هم گفتند: اگر شما ثروت یا موفقیت را دعوت می‌کردید، کسی دیگر نمی‌آمد ولی هرجا که عشق است ثروت و موفقیت هم هست!

۱۰۰.آگهی پول

آگهی‌ای بر روی دیواری نصب شده بود که روی آن نوشته شده بود: من ۵۰ هزار تومان گم کرده‌ام و خیلی به آن نیاز دارم زیرا هزینه زندگی ام را ندارم. هر کسی پول را پیدا کرد به این آدرس برای من بیاورد.

شخصی برگه را می بیند و مبلغ ۵۰ هزار تومان از پول خودش به آدرس می‌برد. آنجا می‌بیند پیرزنی در آن خانه است. شخص پول را تحویل می دهد. پیرزن گریه می‌کند و می‌گوید شما نفر دوازدهم هستید که آمدید و ادعا می‌کنید پول من را پیدا کرده- اید.

جوان لبخندی زد و به سمت در حرکت کرد. پیرزن که همچنان داشت گریه می‌کرد گفت: پسرم، برگه را پاره کن. چون من نه آن را نوشته‌ام و نه سواد نوشتن آن را دارم. دیدن انسان‌های مانند شما من را به زندگی امیدوار می‌کند.

واژگان

آ – ۱

اجرا کردن
/ejrâ kardan/ ► verb
exert - execute – perform

احساس کردن
/ehsâs kardan/ ► verb
sense - feel – appreciate

اخراج کردن
/ekhrâj kardan/ ► verb
fired up – exorcise

ادامه یافتن
/edâme yâftan/ ► verb
resume

ادعا
/ede'â/ ► noun
claim

ارتش
/artesh/ ► noun
military – army

استخراج کردن
/estekhrâj kardan/ ► verb
extract - exploit – educe

اعتقاد داشتن
/e'teghâd dâshtan/ ► verb
believe

افتتاح کردن
/efte'tâh kardan/ ► verb
open - inaugurate

افسوس خوردن
/afsus khordan/ ► verb
sigh – regret

آگهی
/âgahi/ ► noun
notice – advertisement

امتناع
/emtenâ'e/ ► noun
refusal

امید
/omid/ ► noun
expectancy – hope

انجام دادن
/anjâm dâdan/ ► verb
accomplish - perform

انعام
/an'âm/ ► noun
tip - bonus

اوج
/ôj/ ▶ noun
climax - zenith - top

آماده شدن
/âmâde shodan/ ▶ verb
prepare

آرامش دادن
/ârâmesh dâdan/ ▶ verb
hush

آموختن
/âmukhtan/ ▶ verb
teach

آسیاب
/âsiyab/ ▶ noun
mill

آموزش
/âmuzesh/ ▶ noun
instruction - training

آسیب
/âsib/ ▶noun
damage - hurt - harm

آویزان کردن
/âvizân kardan/ ▶ verb
hang – dangle

ب – بـ

بازنشسته
/bâzneshaste/ ▶adjective
Retired

با ارزش
/bâ arzesh/ ▶ adjective
valuable - noteworthy

بازی کردن
/bâzi kardan/ ▶ verb
play - perform

بازرگان
/bâzargan/ ▶ noun
trader - businessman -
merchant

باغبان
/bâghebân/ ▶ noun
Gardener

بازگشتن
/bâzgashtan/ ▶ verb
return

بالا آمدن
/bâlâ âmadan/ ▶ verb
rise – uprise

بحث
/bahs/ ▶ noun
agument - discussion -
debate – controversy

بخشش
/bakhshesh/ ▶ noun
mercy - generosity -
remission

بدست آوردن
/be dast âvardan/ ▶ verb
procure - earn – obtain

بدهکار
/bedehkâr/ ▶ adjective
yielder - indebted - debtor

بدهی
/bedegi/ ▶ noun
debt - debit – liability

برخورد کردن
/barkhord kardan/ ▶ verb
collide – osculate

برداشتن
/bardâshtan/ ▶ verb
take - pickup – remove

بررسی کردن
/bar'rasi kardan/ ▶ verb
peruse - survey – study

برگشتن
/bargashtan/ ▶ verb
comeback - return

بزرگوار
/bozorgvâr/ ▶ adjective
honorable – magnanimous

به یاد آوردن
/beyâd âvardan/ ▶ verb
remind – recall

بیچاره
/bichâre/ ▶ adjective
misery - wretched – wretch

بیرون آوردن
/birun âvardan/ ▶ verb
scoop – unweave

پ - پ

پادشاه
/pâdeshâh/ ▶ noun
king - monarch

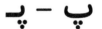

پاسخ دادن

/pâsokh dâdan/ ►verb
answer - respond – reply

پذیرفتن

/paziroftan/ ►verb
admit – accept

پرداختن

/pardâkhtan/ ►verb
pay

پرسیدن

/porsidan/ ►verb
ask - question – query

پروردگار

/parvardegâr/ ►noun
God

پرورش دادن

/parvaresh dâdan/ ►verb
develop – foster

پشیمان

/pashimân/ ►adjective
regretful – penitent

پلاستیک

/pelâstik/ ► noun
plastic

پوشیده

/pushide/ ►adjective
covert – secret

پیشرفت کردن

/pishraft kardan/ ►verb
progress – improve

پیشنهاد دادن

/pishnahâd dâdan/ ►verb
suggest- recommend

ت - تـ

تاثیر

/ta'sir/ ►noun
influence - hank

تاکید کردن

/ta'kid kardan/ ►verb
stress - playup - accent - underline – enforce

ترسیدن

/tarsidan/ ►verb
quail - bash - abhor – scare

ترک کردن

/tark kardan/ ►verb
defect - evacuate - disuse – leave

تشکر کردن
/tashakor kardan/ ▶verb
thank

تصادف کردن
/tasâdof kardan/ ▶verb
jar - hurtle – bop

تصور
/tasavor/ ▶noun
supposition - image - if -
idea - picture - vision -
notion – fancy

تعجب کردن
/ta'ajob kardan/ ▶verb
admire – muse

تغییر کردن
/tagh'yir kardan/ ▶verb
revolve – change

تقسیم
/taghsim/ ▶noun
division – cleavage

تکرار کردن
/tekrâr kardan/ ▶verb
repeat - renew - reiterate -
rehearse – reduplicate

توجه کردن
/tavajoh kardan/ ▶verb
notice - attend – assist

ث - ﺚ

ثابت کردن
/sâbet kardan/ ▶verb
prove - clinch - evidence -
immobilize – posit

ثروتمند
/servatmand/ ▶adjective
wealthy

ج - ﺟ

جابجا کردن
/jâbejâ kardan/ ▶verb
displace - dislocate - reposit
- replace - heave – unhorse

جادوگر
/jâdugar/ ▶adjective
spellbinder - hex - powwow
- mare – wizard

جانشین کردن

/jâneshin kardan/ ►verb
swap – substitute

جایگاه

/jâygâh/ ►noun
station - seat - place – house

جبران کردن

/jobrân kardan/ ►verb
compensate - reimburse – redress

جدا کردن

/jodâ kardan/ ►verb
unzip - untwist - unlink - disconnect - detach – cutoff

جر و بحث کردن

/jaro bahs kardan/ ►verb
Squabble

جستجو کردن

/jostoju kardan/ ►verb
search - look - quest - seek

جشن

/jashn/ ►noun
ceremony - celebration – carnival

جلو رفتن

/jolo raftan/ ►verb
Comealong

جلوگیری کردن

/jologiri kardan/ ►verb
arrest - prevent - intercept - keep – rebuff

جمع کردن

/jam' kardan/ ►verb
purse - add - gather – collect

جواب دادن

/javâb dâdan/ ►verb
Answer

چ - چـ

چوب

/chub/ ►noun
wood – rod

چیز

/chiz/ ►noun
thing - stuff - article - res - nip – object

چینی

/chini/ ►adjective
sinitic - chinese - china –
porcelain

ح – ح

حاضر

/hâzer/ ►adjective
stock – present

حاکم

/hâkem/ ►noun
Governor

حجله

/hejle/ ►noun
Bridechamber

حرکت

/harkat/ ►noun
movement - move – motion

حقوق

/hoghugh/ ►noun
salary - emolument - due -
pension – law

حمله کردن

/hamle kardan/ ►verb
assail - impinge - layon –
pop

خ – خ

خارج کردن

/khârej kardan/ ►verb
evict – emit

خبر

/khabar/ ►noun
news - advice - inkling - idea
- hearsay - predicate

خدمت کردن

/khedmat kardan/ ►verb
minister - serve

خراب کردن

/kharâb kardan/ ►verb
destroy - demolish – ruin

خرما

/khormâ/ ►noun
Date

خرید کردن

/kharid kardan/ ►verb
Shootinggallery

خسته

/khaste/ ►adjective
spent - sear - tire - blown –
weary

خشک

/khoshk/ ►adjective
arid - abstract - mealy – husky

خسیس

/khasis/ ►adjective
sordid - skimpy - stringent - stingy

خفت

/khefat/ ►noun
disgrace - contempt - noose – opprobrium

خلافکار

/khalâfkâr/ ►adjective
Trespasser

خلق کردن

/khalgh kardan/ ►verb
make – create

خندیدن

/khandidan/ ►verb
laugh – chortle

خواب دیدن

/khâb didan/ ►verb
dream

خوابگاه

/khâbgâh/ ►noun
bedroom - dormitory – chamber

خواستن

/khâstan/ ►verb
intend - desire - wish - will – want

خوشبخت

/khoshbakht/ ►adjective
provident – blest

د

داد زدن

/dâd zadan/ ►verb
shout - cry - root - roar – bawl

دارایی

/dârâyi/ ►noun
purse - property - asset - possession - wealth

دانا

/dânâ/ ►adjective
savant - astute – wise

دانستن

/dânestan/ ►verb
learn - have - ascribe - aim

دانه

/dâneh/ ►noun
semen - seed - birdseed –
grain

درست کردن

/dorost kardan/ ►verb
make - build - mend - make
- integrate – organize

دروغ گفتن

/dorugh goftan/ ►verb
lie - belie - whiff – weasel

دزدیدن

/dozdidan/ ►verb
steal - spoliate - thieve -
purloin - rifle – rob

دنبال

/donbâl/ ►noun
rear – pursuit

دستور دادن

/dastur dâdan/ ►verb
Address

دعوت کردن

/da'vat kardan/ ►verb
bid - ask – invite

دود

/dud/ ►noun
whiff - smoke

دویدن

/davidan/ ►verb
run – race

دیدن

/didan/ ►verb
see - notice - observe - look
- vision - view – eye

ر

راز

/râz/ ►noun
secret - mystery - covert -
cabal

راضی

/râzi/ ►adjective
content - happy -
acquiescent

رهبری کردن
/rahbari kardan/ ▶verb
lead – conduce

روح
/ruh/ ▶noun
spirit - umber - ghost – numen

روشن کردن
/rôshan kardan/ ▶verb
alight - brighten - lighten - ignite - relume

ز

زجر
/zajr/ ▶noun
torture – torment

زحمت کشیدن
/zahmat keshidan/ ▶verb
toil - plod - muck - labor

زمزمه کردن
/zamzame kardan/ ▶verb
croon - hum – murmur

زندان کردن
/zendân kardan/ ▶verb
lockup - prison – can

رایج
/râyej/ ▶noun
current - brisk – prevalent

رختخواب
/rakhtekhâb/ ▶noun
Bed

رد کردن
/rad kardan/ ▶verb
disprove - rejcet– refuse

رشد
/roshd/ ▶noun
adolescence - increase - pickup – growth

رفتار
/raftâr/ ▶noun
behavior - comport – treatment

رفتن
/raftan/ ▶verb
Go

رقصیدن
/raghsidan/ ▶verb
Dance

رها کردن
/rahâkardan/ ▶verb
leave - surrender - drop – dispossess

زیبا

/zibâ/ ▶ adjective
picturesque - handsome -
beautiful – beauteous

س – سـ

ساختن

/sâkhtan/ ▶ verb
establish - build - invent -
manufacture – make

سالخورده

/sâlkhorde/ ▶ adjective
elderly - old - hoary – senile

سبک

/sabok/ ▶ noun
soft - thin – portable

سپری کردن

/separi kardan/ ▶ verb
survive – while

سِحر

/sahar/ ▶ noun
spell - incantation - magic -
charm – wizardry

سنگین

/sangin/ ▶ adjective
weighty - heavy - unwieldy -
lumpy – burdensome

سود

/sud/ ▶ noun
interest – profit – dividend

سوگند

/sôgand/ ▶ noun
oath - sanction – sacrament

ش – شـ

شایعه

/shâye'e/ ▶ noun
buzz - hearsay – grapevine

شخصیت

/shakhsiyat/ ▶ noun
self - character - personality
- individuality

شدید

/shadid/ ▶ adjective
rigorous - intensive -
vigorous

شرایط

/sharâyet/ ▶ noun
term – qualification

شرط

/shart/ ▶noun
condition - reservation – clause

شروع کردن

/shoru' kardan/ ▶verb
start - launch - begin - embark - commence

شکایت کردن

/shekâyat kardan/ ▶verb
bitch - complain

شکست دادن

/shekast dâdan/ ▶verb
defeat - drub - floor - outdo - worst - vanquish

ص –ص‍

صاحب

/sâheb/ ▶noun
master - owner - lord

صادق

/sâdegh/ ▶adjective
sincere - honest - leal - loyal

صبر کردن

/sabr kardan/ ▶verb
Wait

صدا زدن

/sedâ zadan/ ▶verb
hail – call

صدمه

/sadame/ ▶noun
injury - indemnity - hurt – harm

صلح

/solh/ ▶noun
Peace

ط

طبیعت

/tabi'at/ ▶noun
temperament - quality - inclination - navigate – nature

طرفدار بودن

/tarafdâr budan/ ▶verb
Adhere

طلا

/talâ/ ▶noun
gold

طلبکار

/talabkâr/ ►adjective
Creditor

ظ

ظاهر شدن

/zâher shodan/ ►verb
seem - spring - out – look

ظرف

/zarf/ ►noun
dish - container - can - adverb - vessel – vase

عازم شدن

/âzem shodan/ ►verb
pullout - leave - embark

عاشق

/âshegh shodan/ ► adjective
paramour - lover – amorous

عزت

/ezat/ ►noun
Honor

عصبانیت

/asabâni/ ►noun
chafe - huff - heat – ire

علاقه

/alâghe/ ►noun
interest – bind

علت

/elat/ ►noun
reason - cause - disease - motive

غ – غـ

غارت

/ghârat/ ►noun
plunder - pillage - ravage – despoliation

غایب

/ghâyeb/ ►adjective
absent - away – away

غصه خوردن

/ghose khordan/ ►verb
Pine

ف – فـ

فاش

/fâsh/ ►adjective
overt

فاصله

/fâsele/ ▶noun
space - distance - hiatus -
lacuna

فرار کردن

/farâr kardan/ ▶verb
skedaddle - stampede -
scape - abscond - escape -
elope - flight

فراهم آوردن

/farâham âvardan/ ▶verb
assemble

فرستادن

/ferestâdan/ ▶verb
forward - dispatch - ship –
send

فرق داشتن

/fargh dâshtan/ ▶verb
vary – differ

فروختن

/forukhtan/ ▶verb
sell - vend - market – hawk

فریاد زدن

/faryâd zadan/ ▶verb
yell - shout - bawl - howl -
hoot – cry

فریب

/farib/ ▶noun
temptation - abusive -
defraud - deceit – cheat

فشار دادن

/feshâr dâdan/ ▶verb
squeeze - yerk – hustle

فکر

/fekr/ ▶noun
thought - concept - notion -
opinion - mind – idea

فهمیدن

/fahmidan/ ▶verb
understand - gripe - grasp -
get - realize - comprehend –
compass

ق – ﻗ

قاضی

/ghâzi/ ▶noun
arbiter - pretor – judge

قانونی بودن

/ghânuni budan/ ▶verb
legitimacy – legality

قبول کردن

/ghabul kardan/ ►verb
entertain - matriculate - adopt - accord – accept

قد

/ghad/ ►noun
length – size

قدرت داشتن

/ghodrat dâshtan/ ►verb
can

قرار دادن

/gharâr dâdan/ ►verb
set - put - fix

قرض دادن

/gharz dâdan/ ►verb
Lend

قضاوت کردن

/ghezâvat kardan/ ►verb
judge – advise

قطعه

/ghet'e/ ►noun
segment - section - piece – fragment

ک - کـ

کنجکاو

/konjkâv/ ►adjective
curious – prowler

کوچ

/kuch/ ►noun
departure – migration

گ - گـ

گذشته

/gozashte/ ►adjective
late - back - past – old

گرم کردن

/garm kardan/ ►verb
heat - braise - warm

گوش کردن

/gush kardan/ ►verb
hear

گول زدن

/gul zadan/ ►verb
deceive - cheat - cajole

ل – ل

لایه

/lâye/ ▶noun
pad - leaf – layer

لحظه

/lahze/ ▶noun
moment - minute – flash

لذت

/lezat/ ▶noun
joy - pleasure – delight

لمس کردن

/lams kardan/ ▶verb
feel - palpate - stroke -
touch – take

م – م

مامور

/ma'mur/ ▶noun
envoy - officer – agent

ماندن

/mândan/ ▶verb
subsist - stay - stand - stall -
settle - remain

متوجه شدن

/motevajeh shodan/ ▶verb
pay attention

مجلس

/majles/ ▶noun
council - convocation -
congress - parliament

مخالفت کردن

/mokhâlefat kardan/ ▶verb
blackball - controvert -
oppose

مچاله کردن

/mochâle kardan/ ▶ verb
rumple - crumple - tousle –
scrunch

مدام

/modâvem/ ▶noun
unremitting – perpetual

مراسم

/marâsem/ ▶noun
ceremony - rite

مزار

/mazâr/ ▶noun
sepulcher – bier

مشاور

/moshâver/ ▶ noun
adviser - counselor -
consultant

معجون

/ma'jun/ ▶ noun
confection

مقایسه کردن

/moghâyese kardan/ ▶ verb
compare

ملاقات

/molâghat/ ▶ noun
visit

منتشر کردن

/montasher kardan/ ▶ verb
publish - propagate -
disseminate - broaden -
broadcast – print

منتظر بودن

/montazer budan/ ▶ verb
await - antedate – expect

منطق

/mantegh/ ▶ noun
logic – frame

منطقه

/mantaghe/ ▶ noun
zone - locale

موجب

/môjeb/ ▶ noun
cause - inducement -
incentive

میهن

/mihan/ ▶ noun
home – motherland

ن - نـ

نابینا

/nâbinâ/ noun
sightless - blind

ناسزا

/nâsezâ/ ▶ noun
swearword - swear –
profanity

ناگهان

/nâgahân/ ▶ adverb
sudden - slapdash - abrupt -
aback - bolt - unaware –
unawares

ناهموار
/nâhamvâr/ ▶ adjective
scaly - jagged - rugged -
bumpy - unfair - uneven

نجس
/najes/ ▶ adjective
unclean

نزدیک بودن
/nazdik budan/ ▶ verb
being close

نعمت
/ne'mat/ ▶ noun
gift - luxury

نفرین
/nefrin/ ▶ noun
gaff - curse – imprecation

نقاشی کردن
/naghâshi kardan/ ▶ verb
crayon - contour - picture -
brush – paint

نقره
/noghre/ ▶ adjective
Silver

نگران
/negarân/ ▶ adjective
solicitous - agog - agaze

نگهبان
/negahbân/ ▶ noun
lifeguard - escort - keeper -
guardian – watchman

نگهداری کردن
/negahdari kardan/ ▶ verb
ward - keep - conserve -
patronize - upkeep -
maintain – protect

نیاز
/niyâz/ ▶ noun
need - necessity - want –
requirement

یرنگ
/neirang/ ▶ noun
trap - trickery - trick -
artifice - art - deception -
craft – witchcraft

و

وارد شدن
/vâred shodan/ ▶ verb
 enter - arrive

وجود داشتن
/vojud dâshtan/ ▶ verb
be – exist

وزن

/vazn/ ►noun
weight - scale

وفادار

/vafâdâr/ ►adjective
loyal - constant

ه – ـه

هدیه دادن

/hediye dâdan/ ►verb
donate - gift

همراهی کردن

/hamrâhi kardan/ ►verb
squire - accompany -
accompany - companion

همسر

/hamsar/ ►noun
partner - associate - consort
- fere – spouse

هنرمند

/honarmand/ ►adjective
handicraft - virtuoso - artist
– craftsman

هنگامیکه

/hengâmike/ ►preposition
while – whenever

هوس

/havas/ ►noun
fancy - whimsy - whim -
libido – heartthrob

هیچکس

/hichkas/ ►adverb
nobody

ی – ـی

یاد گرفتن

/yâd gereftan/ ►verb
Learn

یکسان

/yeksân/ ►noun
equal - alike - akin - similar
– same

www.LearnPersianOnline.com

Other books of Interest

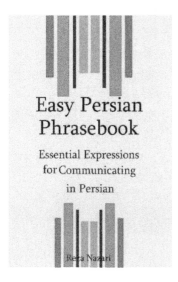

Easy Persian Phrasebook

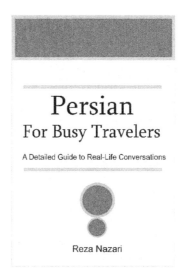

Persian for Busy Travelers

101 Most Common Persian Words

Learn Persian before You Land

Top 1,500
Persian Words

Essential Words for
Communicating
in Persian

Reza Nazari

Top 1500 Persian Words

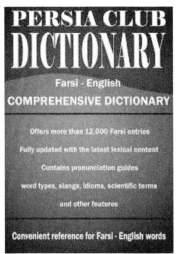

Persia Club Dictionary Farsi -
English

Persian For Travel

English - Persian Travel Phrases

Reza Nazari
Jalal Daie

Persian For Travel

Effortless Persian Alphabet

Laugh and Learn Farsi

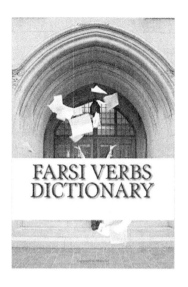

Farsi Verbs Dictionary

Essential Idioms In Farsi

Farsi Reading

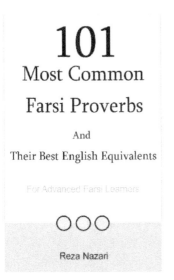

101 Most Common Farsi
Proverbs

Farsi Reading

Farsi Grammar in Use: For
beginners

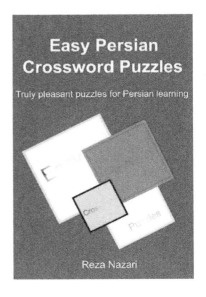

Easy Persian Crossword
Puzzles

"Learn Persian Online" Publications

"Learn Persian Online" authors' team strives to prepare and publish the best quality Persian Language learning resources to make learning Persian easier for all. We hope that our publications help you learn this lovely language in an effective way.

Please let us know how your studies turn out. We would like to know what part of this book worked for you and how we can make this book better for others. You can reach us via email at info@learnpersianonline.com

We all in *"Learn Persian Online"* wish you good luck and successful studies!

"Learn Persian Online" Authors

www.learnpersianonline.com

... So Much More Online!

- ✓ FREE Farsi lessons
- ✓ More Farsi learning books!
- ✓ Online Farsi – English Dictionary
- ✓ Online Farsi Tutors

Looking for an Online Farsi Tutor?

Call us at: 001-469-230-3605

Send email to: Info@learnpersianonline.com

www.LearnPersianOnline.com

Printed in Great Britain
by Amazon